A clínica gestáltica com crianças

Dados Internacionais de Catalogação na Publicação (CIP)
(Câmara Brasileira do Livro, SP, Brasil)

A clínica gestáltica com crianças : caminhos de crescimento / Sheila Antony (org.). – São Paulo : Summus, 2010.

ISBN 978-85-323-0660-9

1. Gestalt-terapia 2. Psicoterapia infantil 3. Psicoterapia do adolescente I. Antony, Sheila.

CDD-618.92891653
10-03149 NLM-WS 350

Índice para catálogo sistemático:

1. Clínica gestáltica com crianças : Psicoterapia infantil 618.92891653

A clínica gestáltica com crianças

Caminhos de crescimento

Sheila Antony
(ORG.)

summus editorial

A CLÍNICA GESTÁLTICA COM CRIANÇAS
caminhos de crescimento

Editora executiva: **Soraia Bini Cury**
Editoras assistentes: **Andressa Bezerra e Salete Del Guerra**
Capa: **Roberto Strauss**
Imagem de capa: **Detalhe de um *khatam kary*, trabalho de marcheteria típico do Irã. Fotografia de Fabien Deny – www.fabiendeny.com**
Projeto gráfico e diagramação: **Crayon Editorial**

Summus Editorial
Departamento editorial:
Rua Itapicuru, 613 – 7º andar
05006-000 – São Paulo – SP
Fone: (11) 3872-3322
http://www.summus.com.br
e-mail: summus@summus.com.br

Atendimento ao consumidor:
Summus Editorial
Fone: (11) 3865-9890

Vendas por atacado:
Fone: (11) 3873-8638
e-mail: vendas@summus.com.br

Impresso no Brasil

AGRADECIMENTOS

A Deus, por sua eterna presença iluminando meu caminho.

Ao Instituto de Gestalt-Terapia de Brasília (IGTB), fonte de meu saber em Gestalt, do qual Jorge Ponciano Ribeiro é seu idealizador e presidente. Nesse lugar encontrei profissionais competentes e amigas de jornada – como Nayla, Maura, Miriam, Carlene e Mônica – que contribuem para o meu enriquecimento profissional e crescimento pessoal.

A meus convidados especiais que, com esforço pessoal, dedicação, respeito e confiança colaboraram na realização deste sonho.

Sheila Antony

SUMÁRIO

PREFÁCIO

JORGE PONCIANO RIBEIRO

A abordagem gestáltica e a Gestalt-terapia surpreendem a cada dia que passa. Surpreender significa pegar de surpresa, conduzir o outro a um processo de admiração diante do novo, do inusitado. Significa ainda olhar o futuro ou para o futuro, e nele pôr o objeto de nossa admiração, algo grande, que responda às necessidades de quem admira a sua permanência, solidez e qualidade.

Um grupo de gestaltistas expôs neste livro uma Gestalt articulada, organizada, indivisível, com uma epistemologia que garante a qualidade desta obra, atendendo às normas que a ciência exige para que o conhecimento se apresente como tal.

A clínica gestáltica com crianças – Caminhos de crescimento tem o mérito de apresentar a Gestalt-terapia numa área ainda pouco explorada por ela, além de primar não só pelos assuntos escolhidos, mas também pela lógica que se estabeleceu entre os diversos conteúdos abordados.

A ciência não se faz apenas por meio da matéria apresentada, mas também pela forma. Juntas, constituem a essência, a totalidade criadora do objeto em estudo. É o todo que qualifica as partes – que, isoladas, ainda que inteligentemente feitas, não constituem um autêntico objeto do conhecimento nem dão forma e beleza àquilo que se pretende apresentar.

Estamos diante de um texto cuja estrutura leva o leitor para dentro do conhecimento, não apenas por meio das partes que o compõem, mas sobretudo pelo conjunto harmonioso que estas encerram, dando ao leitor a sensação clara de que percorreu um caminho, tendo vivido cada pedaço desse caminho.

Os romanos diziam "*Timeo hominem unius libri*" ("Temo um homem de um único livro") para denotar que *um livro* tem de ser um instrumento de trabalho que transmita informações corretas, úteis e adequadas, de tal modo que seu usuário (não apenas leitor) se torne mais competente e integrado com a matéria de que ele trata. Noutras palavras: um livro tem de ser útil, deve atender às necessidades dos leitores, para não se tornar mera abstração.

Este não é mais um livro sobre crianças. É uma obra sobre a criança que está diante de você, não importa se ela é a sua criança ou outra criança – que também é sua –, porque toda e qualquer criança que está diante de você e olha para você com olhos de "eu estou aqui" passa a ser sua e você é responsável por ela, pela sua totalidade existencial.

Gestalt-terapia com crianças tem pouco que ver com doença – até porque não existem doenças, mas doentes. Gestalt tem que ver com o processo que acontece no espaço vital da criança, no seu campo, aqui e agora.

Uma criança não deveria jamais adoecer. Como se tornará um adulto saudável – e é para esse lugar que todos tendemos a ir – se seus pezinhos estão machucados e não conseguem fazer o caminho; se seu coração está ferido e não bate de acordo; se sua cabecinha está em ritmo diferente do meio onde vive?

A psicoterapia infantil, mais do que qualquer outra forma de psicoterapia, é algo sagrado, por tratar de "corrigir", de dar nova forma, de trabalhar o ajustamento criativo de um ser em formação. Ela não admite erros, pois as falhas da vida adulta são contingências, mas os erros na psicoterapia infantil são fatalidades difíceis de consertar cujos efeitos podem ser desastrosos.

Esta obra pensou em tudo isso. É escrita com inteligência, sensibilidade, consciência e amplidão. Retrata, além da teoria exposta, o jeito gestáltico de ser de pessoas competentes, de longa experiência, que têm feito do trabalho com crianças sua caminhada existencial.

A criança, mais que o adulto, vive a tríplice dimensão humana da *animalidade*, da *racionalidade* e da *ambientalidade* de maneira concreta, sem subterfúgio. Isso facilita que o terapeuta esteja com ela de maneira inteira e consagrada, e permite à criança – ao mesmo tempo que enfrenta um "problema" – ter a melhor solução no seu jeito próprio de funcionar, por meio da vivência do seu sentir, do seu pensar, do seu fazer, do seu falar.

A grande arte da terapia infantil consiste em o terapeuta conseguir olhar a criança e o mundo a sua volta como ela mesma se vê e vê o mundo.

A criança é naturalmente gestáltica, é o melhor caminho para que o terapeuta desempenhe seu trabalho. Sintonia é o grande caminho para o sucesso da terapia infantil.

Sheila Antony teve o duplo mérito de, por um lado, ter escolhido pessoas que sentem, pensam, agem e falam da criança como crianças e, por outro, ter conduzido os temas de tal modo que *A clínica gestáltica com crianças* tornou-se uma Gestalt viva, simplesmente à espera de ser colocada em prática.

Textos como os aqui recolhidos honram nossa comunidade gestáltica, porque produzem conhecimento, abrem caminhos e congregam pesquisadores na difícil tarefa de dar sentido ao agir psicoterapêutico de maneira epistemológica e fenomenologicamente adequada.

APRESENTAÇÃO

SHEILA ANTONY

A inspiração para organizar esta obra veio como um sopro divino, como um momento de *insight*, quando eu participava de uma jornada sobre psicoterapias existencialistas-humanistas, na cidade de Marília, para falar sobre a criança com transtorno de ansiedade. De repente, dei-me conta das pessoas convidadas para o encontro como palestrantes. Lá estavam presentes mestras que considero as mães da Gestalt-terapia no atendimento a crianças e adolescentes no Brasil: Myrian Bove Fernandes e Rosana Zanella. Com elas estava Claudia Ranaldi, que eu já havia encontrado em outras jornadas e congressos sobre Gestalt-terapia. Pensei no evento centrado na área do atendimento infantojuvenil e na grande lacuna que a produção científica sobre crianças e adolescentes representa na Gestalt-terapia do Brasil. Associei com o fato de eu estar escrevendo um livro sobre a clínica gestáltica infantil (que vai demorar um pouco para ser concluído) e me indaguei: "Por que não organizar um livro com essas pessoas experientes e que terá uma elaboração mais rápida? Vamos encarar esse desafio?" Lá mesmo iniciei uma conversa com essas pessoas, que toparam a ideia logo no princípio. Quando retornei, uma amiga sugeriu a participação de Sergio Lizias, que estava terminando seu doutorado sobre o tema da infância na perspectiva da Gestalt-terapia.

Além dessas pessoas de renome nacional, convidei Miriam Philippi, amiga do coração que me acompanha desde os tempos do curso de graduação em Psicologia na Universidade de Brasília – UnB, do curso de formação em Gestalt-terapia com Jorge Ponciano Ribeiro, e que ainda trabalhou comigo como docente e membro-fundadora do Instituto de Gestalt-Terapia de Brasília (IGTB). Por fim, Mônica Brito, ex-aluna do IGTB, que está comigo em supervisão há alguns anos e vem realizando um trabalho psicológico maravilhoso com crianças em situação de abrigamento.

Assim aconteceu esta obra, a qual carinhosamente eu chamava de "nosso livro" ao longo dos meses em que conversei e troquei ideias com meus convidados. Trata da nossa experiência com crianças naquela área em que a consciência está mais presente e o conhecimento mais evidente. Eu, particularmente, quis apresentar o caminho terapêutico que sigo no atendimento à criança (e que também serve para adolescentes). Eu o construí em 2006, após um treinamento intensivo com Violet Oaklander, que com sabedoria, delicadeza e vitalidade me ensinou o uso das técnicas expressivas e projetivas como uma arte do terapeuta. Foi tão valioso para mim esse período de treinamento que criei o curso "Gestalt-terapia com crianças: a teoria e a arte do gestalt-terapeuta", que ministro anualmente no IGTB.

Os outros autores abordaram tópicos importantes referentes a uma problemática específica da criança em seu campo existencial: as reflexões éticas que um psicoterapeuta que trata dessa faixa etária deve ter em sua prática clínica, a apresentação dos elementos epistemológicos que fundamentam a Gestalt-terapia na clínica infantil e a importância do atendimento à família da criança em certos momentos do processo terapêutico. Trabalhar à luz da Gestalt-terapia coloca o terapeuta diante da totalidade da criança e do campo total, que envolve os seus diversos ambientes relacionais e as pessoas que lhe são significativas, de modo que constitui uma das práxis clínicas mais complexas. Como gestaltista, entendo que tratar a criança é prioritariamente *estar* com ela. Essa atitude requer participação ativa, interação criativa e abertura para o contato, a fim de estabelecer uma relação de confiança, segurança e respeito pelo ser diante de nós, independentemente de sua idade e do seu nível de consciência. Estar com crianças, portanto, exige teoria, técnica e arte para compreender a criança em sofrimento, desvendar o seu mundo imaginário e assim reconduzi-la rumo ao crescimento.

O caminho terapêutico que percorro com a criança é fruto da minha jornada de aprofundamento profissional e amadurecimento pessoal. Complemento o pensamento de Boaventura Santos (1999), que nos diz que "todo conhecimento é autoconhecimento", com o princípio de totalidade da Gestalt, que postula: "A identidade do todo emerge das relações de significado que ocorrem entre as partes". É como um todo que me desvelo, me organizo; torno-me inteira na medida em que experimento coisas novas, conheço diferentes pessoas e assim descubro diversas possibilidades de ser e estar aí, bem como de criar trajetórias e projetos de vida inovadores que nutram a minha alma.

1 DA INTENÇÃO À AÇÃO: GESTALT-TERAPIA, ÉTICA E PRÁTICA PROFISSIONAL COM CRIANÇAS E ADOLESCENTES

MIRIAM MAY PHILIPPI

Todo ato ético [...] é na realidade um ato de religação,
com o outro, com os seus, com a comunidade, com a humanidade e,
em última instância, inserção na religação cósmica.
(Morin, 2005, p.36)

A proposta deste texto é identificar, com base na perspectiva da Gestalt-terapia, algumas questões éticas relacionadas com a prática profissional do psicólogo. Aqui não se tem a pretensão de levantar todos os conflitos éticos vivenciados na prática profissional, visto que o psicólogo hoje ocupa um espaço que há alguns anos era impensável. A ideia é problematizar mais do que oferecer respostas. Para isso, oferecemos exemplos, não apenas para expressar certa indignação com determinadas posturas profissionais, mas também para propor uma ética da complexidade, que se opõe a um pensamento mutilado e mutilador que pode conduzir a ações desastrosas (Morin, 2005). A discussão de aspectos éticos pode gerar incertezas que não devem ser postas de lado; antes, precisam estimular novas ações.

Muitas são as perspectivas teóricas da psicologia. Agora, porém, encontramo-nos na dimensão da ética, do cuidado com o outro. Não faz sentido uma psicologia que ofereça o que alguns têm chamado de *self-service* normativo, do qual nos servimos de valores para justificar as mais diferentes posições que queiramos provar. Nesse sentido, a Gestalt-terapia tem muito a oferecer ao debate da prática profissional.

Provavelmente, os profissionais que trabalham com crianças e adolescentes são os mais bem-intencionados no cuidado dessas pessoas consideradas mais vulneráveis. Porém, como preconiza o dito popular, "de boas intenções, o inferno está cheio". E, como bem coloca Morin (2005), é no ato que a intenção pode fracassar. Assim, as questões que envolvem essa parte da população nos colocam diante de vários dilemas; tanto que mereceram a formalização do Estatuto da Criança e do Adolescente (ECA – Lei n. 8.069, de 13/7/1990). Do ECA, destacamos:

> Art. 3º A criança e o adolescente gozam de todos os direitos fundamentais inerentes à pessoa humana, sem prejuízo da proteção integral de que trata esta Lei, assegurando-se-lhes, por lei ou por outros meios, todas as oportunidades e facilidades, a fim de lhes facultar o desenvolvimento físico, mental, moral, espiritual e social, em condições de liberdade e de dignidade.

Podemos perceber no artigo a vasta amplitude dos direitos da criança e do adolescente. Tais direitos, porém, foram dos últimos a ser discutidos na história da humanidade, até porque as representações que temos da infância e da adolescência são construções relativamente novas. Nos quadros da Renascença, por exemplo, podemos ver bebês e crianças vestidos como adultos, pois na época pouco se falava em infância e menos ainda em adolescência. A mortalidade infantil então era alta e a expectativa de vida, baixa. As pessoas começavam a trabalhar muito cedo.

Observa-se que, ao longo da história, o que conhecemos hoje como direitos humanos passou por diversas transformações, e sua escala de valores variou conforme a época.

A primeira questão surge aqui de forma clara: as discussões éticas não são estáticas e previsíveis; são, ao contrário, dinâmicas, imprevisíveis e mais: angustiantes. Precisamos sempre discutir novas perspectivas, bem como as definições e/ou limites etários do que podemos considerar infância e adolescência. A Organização Mundial da Saúde (OMS), por exemplo, circunscreve a adolescência à segunda década de vida (de 10 a 19 anos) e considera que a juventude se estende dos 15 aos 24 anos. Esses conceitos comportam desdobramentos: os adolescentes jovens (de 15 a 19 anos) e os adultos jovens (de 20 a 24 anos). A lei brasileira, após o Estatuto da Criança e do Adolescente, considera que a adolescência corresponde à faixa etária de 12 a 18 anos.

Tal descompasso na conceituação da adolescência manifesta a dificuldade de estabelecer linhas divisórias que, em regra, ignoram as características dos indivíduos e de cada grupo social (Brasil, 2005a). Diversos limites etários também são determinados no direito brasileiro:

- O Código Civil em vigor determina que os adolescentes com menos de 16 anos não podem exercer pessoalmente qualquer ato da vida civil (contratar, casar, firmar obrigações etc.). Tais direitos deverão ser exercidos por meio de seus pais ou responsáveis legais. Já maiores de 16 e menores de 18 anos podem exercê-los com a assistência de seus responsáveis legais ou com autorização judicial, no caso de divergência ou de ausência dos pais ou responsáveis legais. O casamento torna a pessoa capaz para todos os atos da vida civil e fixa a idade mínima de 16 anos para o ato legal, desde que haja a anuência dos pais (suprível mediante autorização judicial).
- No Direito Penal, os menores de 18 anos são inimputáveis e os jovens entre 18 e 21 anos têm pena reduzida. Os

adolescentes (12 a 18 anos) em conflito com a lei são submetidos às medidas coercitivas e socioeducativas previstas no Estatuto da Criança e do Adolescente.

- O Estatuto da Criança e do Adolescente reiterou as faixas etárias para o exercício de direito nas órbitas civil e processual. Determinou também a necessidade do consentimento expresso do adolescente no processo de adoção e firmou a obrigatoriedade de que seja ouvido e colhido seu consentimento em todo processo judicial ou administrativo que o afete, ressalvando seu direito a curador especial quando seus interesses colidirem com o de seus pais ou responsáveis.
- No Direito Eleitoral, o jovem de 16 anos pode votar, mas só pode candidatar-se a cargo eletivo a partir dos 18 anos.
- Por fim, no âmbito do Direito do Trabalho, a Constituição Federal e o Estatuto da Criança e do Adolescente determinaram a proibição de trabalho noturno, perigoso ou insalubre a menores de 18 anos e de qualquer trabalho a menores de 16 anos, salvo na condição de aprendiz, a partir de 14 anos.

Nos últimos anos, registraram-se grandes avanços nos acordos internacionais que tratam da reprodução e da sexualidade, hoje vistas como um dos direitos humanos de homens e mulheres, inclusive adolescentes. A discussão começa pelo direito à saúde, à educação e à informação. Jovens e adolescentes agora podem decidir livre e responsavelmente sobre a própria vida sexual e reprodutiva e ter acesso aos meios para o exercício dos direitos individuais, livres de discriminação, coerção ou violência. Destaca-se a recomendação internacional do direito à preservação da autonomia, do sigilo e da privacidade do adolescente. Há ainda o direito de o adolescente não ser discriminado por causa de deficiência física, mental, sorológica (HIV/aids) ou por questões de sexo, orientação sexual e estilo de vida (Brasil, 2005b).

Como profissionais da psicologia, deparamos com algumas dificuldades decorrentes das diversas divisões etárias. No exercício diário da profissão, além de atentar à pessoa que está diante de nós, precisamos estar informados dos marcos legais que envolvem a atuação profissional com crianças e adolescentes. Afora isso, percebemos que a sociedade também já criou outros termos para descrever novas realidades.

Com o aumento da escolarização e as novas exigências do mercado de trabalho, que demanda pessoas cada vez mais especializadas, surge a categoria do jovem adulto (prolongamento da adolescência). Por exemplo, algumas pessoas de 9 anos não aceitam ser chamadas de crianças e dizem: "Eu não sou criança, sou pré-adolescente". E, realmente, como chamar de crianças pessoas tão antenadas no aquecimento global, na crise mundial e que entendem de tudo na rede mundial de computadores? E ainda queremos que se comportem como crianças, mesmo vivendo em um mundo adulto, cheio de preocupações, com grande presença da mídia, onde não são poupados do contato com as grandes questões?

Vivenciamos hoje uma série de duplas mensagens. Crianças e adolescentes recebem-nas mais intensamente. Ouvem: "Seja criança, brinque mais". Mas nas instituições de ensino eles têm uma série de obrigações e deveres, que lhes impõem uma ação responsável, a qual não permite o exercício pleno da infância e da adolescência.

Ratificando a colocação inicial deste texto, quando temos de acompanhar crianças e adolescentes, ainda que muito bem-intencionados, corremos grande risco de não conseguir agir de maneira global. Principalmente pelo fato de que apenas em longo prazo veremos com clareza que nossa *intenção* ética se transformou numa *ação* ética. Vivemos o mesmo dilema dos ecologistas: temos de agir localmente e, no entanto, perceber globalmente. Qualquer intervenção que façamos no acompanhamento de crianças e adolescentes na clínica, em hospitais, nas escolas e nas ditas instituições socioeducativas pode ter realmente o efeito borboleta descrito pelos meteorologistas. Assim como o bater das asas de uma borboleta no Brasil pode afetar os ventos nos Estados Unidos, também a orientação dada aos pais ou aos educadores vai influenciar a criança ou o adolescente nas mais diversas esferas.

GESTALT-TERAPIA E AÇÃO ÉTICA

Estamos ainda muito habituados a uma visão que tende a perceber, diagnosticar e rotular o indivíduo sem levar em conta o seu contexto, apesar de dizermos, na Gestalt-terapia, que tendemos a ver o todo. Mas que todo é esse? É um todo em que procuramos perceber as pessoas fora de uma visão linear de causa e efeito, mas que causa angústia, incerteza? Ou ainda estamos com uma ilusão do todo, em que procuramos uma causa e um culpado para determinado fato? Nas dificuldades de aprendizagem, por exemplo, a culpa é muitas vezes colocada nos pais; estes são responsabilizados pelas dificuldades de aprendizagem dos filhos, mesmo sem serem educadores. Ocorre que nós, profissionais, ficamos mais aliviados em dizer que o problema está apenas fora do nosso sistema de ensino.

Para que, então, falar de uma visão global? O que isso tem que ver com uma ação ética? Acreditamos que, para uma ação ética, precisamos realmente ter uma percepção ampla, pelo menos até onde os nossos olhos vejam. É bem provável que hoje atuemos de uma maneira que será questionada no futuro. Provavelmente diremos: "Como não pensamos nisso antes? Como não percebemos esse ponto de vista? Como isso não nos deixava chocados?"

Gestalt-terapeutas que somos, propomos a ampliação da *awareness* como um dos grandes objetivos da abordagem. Mas o que significa isso? Segundo Laura Perls (em Rosenfeld, 1977), a palavra grega para *awareness*, *aisthanomai*, significa *I am aware*, "percebo". Essa palavra é uma forma intermediária entre o ativo e o passivo. No grego, *aisthanomai* equivale a "perceber, ato de perceber com os sentidos corporais, com a mente, compreender como se estabelecem relações de sentido entre os diferentes elementos do campo". Então procuramos, como Gestalt-terapeutas, formas de ampliar nosso contato com o mundo, uma resposta criativa que exija *awareness*.

A ação ética também exige que atentemos para os nossos sentidos e para os do outro. Uma resposta não é ética se não buscar uma boa relação dos seres com o mundo, uma estética que procure perceber todos os elementos envolvidos no fenômeno; é necessário aplicar a fenomenologia – método cujo tema central é, segundo Husserl (1936-1984), o mundo. Segundo a fenomenologia para compreendermos o mundo, precisamos estar abertos às suas constantes transformações. A proposta da fenomenologia foi a de que transpuséssemos uma atitude natural, ingênua (ou dogmática) na apreensão dos fenômenos e observássemos "desinteressadamente" o mundo subjetivo-relativo em que toda a nossa vida comum se desenvolve (nossos esforços, nossas preocupações e nossas realizações). A fenomenologia propôs mais: que olhássemos ao redor, não para investigarmos, mas para observarmos tudo que vale para nós, considerando o nosso ponto de vista subjetivo; que procurássemos experimentar algo com todos os sentidos (visão, tato, audição, olfato, paladar). Com efeito, passamos a ter algumas certezas sobre o ser: são próprios dele todos os lados simultaneamente e temos um modo pelo qual o vemos mais favoravelmente. Em cada percepção da coisa está implícito todo um horizonte de possibilidades, de maneiras de aparecer. Assim, tudo é recebido como uma unidade válida.

Acreditamos que a abordagem gestáltica nos dá elementos para exercer uma ação que não seja apenas estética, no sentido da aparência, mas que nos ajude a edificar uma ética, um *ethos* que seja, em todos os sentidos, uma morada acolhedora para todos nós (Philippi, 2006). Mas como ajudar a construir uma morada que atenda às demandas de crianças e adolescentes? Como intervir para que se sintam acolhidos, pertencentes, presentes como cidadãos de direito? Como atuar de forma adequada quando precisamos acompanhar uma criança que ainda não se expressa de forma clara para dar seu consentimento sobre as nossas propostas de atuação? De que forma colocar tais propostas na linguagem da criança ou do adolescente que está diante de um psicólogo na escola, na clínica, no hospital, nos diferentes contextos da justiça? Ainda: qual o nosso papel para que eles também expressem seu consentimento e para que nós expressemos o nosso contrato? Certo é compreendermos que as discussões éticas, para assim ser consideradas, exigem o desapego a respostas já prontas, estabelecidas e não questionadas, e implicam a abertura para novas questões. E as aqui levantadas não esgotam as possibilidades de avaliação e evolução do nosso trabalho diário.

Sabidamente, as crianças e os adolescentes têm direitos, a começar pelo nosso trabalho com eles lhes seja explicado. Pesquisas com crianças hospitalizadas mostram que elas aderem mais ao tratamento quando são informadas sobre os procedimentos a que serão submetidas. Então, além de ser um direito, a informação sobre o propósito e o modo como o trabalho será desenvolvido é um procedimento útil.

Muitas vezes, atendendo a uma demanda dos pais, por exemplo, iniciamos o processo psicoterapêutico com uma criança ou um adolescente e fazemos apenas um contrato com os pais, como se o consentimento deles bastasse. E como fica o consentimento da pessoa que está sendo atendida? Ignorado? Será que realmente perguntamos a ela se sabe para que e por que está ali? É interessante citarmos a Resolução n. 016/2000 do Conselho Federal de Psicologia (CFP), que dispõe sobre a realização de pesquisas em psicologia com seres humanos. A resolução propõe alguns cuidados importantes relativos à pesquisa com crianças e adolescentes. Dentre eles, destacamos: mesmo quando os pais ou responsáveis já tenham consentido, os participantes da pesquisa precisam ser informados sobre os objetivos e procedimentos. E mais, devem concordar em participar voluntariamente. Entendemos que o CFP teve o grande cuidado de deixar bem claro que crianças e adolescentes têm de ser considerados participantes e não objeto de nosso trabalho.

O acompanhamento de crianças e adolescentes exige *awareness*, abertura às diversas possibilidades e necessidades de atuação. Em geral, a tarefa do psicólogo que trabalha com essas faixas etárias demanda a observação de todo o sistema em que essas pessoas estão inseridas. Do contrário, podemos olhar para a parte com a ilusão de perceber o todo. Como crianças e adolescentes podem não compreender todos os elementos para tomar todas as decisões sozinhos – e não têm autonomia legal –, temos de trabalhar com o sistema que as envolve. Por exemplo, podemos comprometer um processo psicoterápico com um adolescente quando não existe adesão dos pais. Igualmente, quando o processo é imposto ao adolescente, faltam-lhe elementos para compreender a razão de estar ali.

Pais ou responsáveis podem perceber que o filho precisa de apoio profissional, mas nem sempre estão preparados para as mudanças que possam advir daí. De alguma forma, sentem-se ameaçados, criticados pelo processo. Frequentemente, crianças e adolescentes negam-se a participar de um processo psicoterápico individual, sendo então rotuladas de resistentes. Porém, esquecemos de nos perguntar o que querem dizer com sua resistência.

Na prática profissional, não raro, percebemos que expressam apenas que não são os únicos com dificuldade, que o sofrimento e a responsabilidade não são apenas deles e que todos devem estar envolvidos. Com base nessas observações, foi ficando mais clara a necessidade de pensarmos nessas pessoas como seres-no-mundo. Mesmo quando a opção é por um processo individual, elas devem ser percebidas no seu contexto sócio-histórico. Entretanto, vale ressaltar que essa percepção não significa que a família é a responsável por tudo que está acontecendo com a criança/o adolescente.

As famílias chegam a nós muito vulneráveis, com receio de ser criticadas, pois já foram responsabilizadas por vários profissionais, inclusive psicólogos, por tudo que causava sofrimento aos filhos. Responsabilizar apenas a família é perceber apenas a parte, porque esta também está inserida em um campo maior que lhe impõe uma série de exigências. Trabalhar com os diferentes contextos nos quais as crianças e os adolescentes estão inseridos aumenta as possibilidades – os horizontes – de transformar a nossa intenção em uma ação ética.

Então como colocar o ECA em prática? Como respeitar crianças e adolescentes nas suas necessidades se não temos acesso aos seus desejos? Além disso, nossas teorias e pesquisas não nos dão certeza de que as nossas intervenções são as mais adequadas. É bem verdade que podemos ver uma criança como uma pessoa, digamos, mais vulnerável que um adulto; não a percebemos como autônoma, capaz e cheia de possibilidades. Com o adolescente não é diferente. Na intenção de protegê-lo, pais e professores acabam transmitindo a ideia de que ele não é capaz de agir. A superproteção pode ser percebida como afeto, cuidado e amor, mas para muitos chega como um certificado de incompetência: "Se não posso tomar decisões ou agir sozinho é porque os adultos não acreditam nas minhas possibilidades". Lembramos que o ECA, além de ser um instrumento de proteção, é um marcador da autonomia de crianças e adolescentes.

Diante das questões éticas acerca da prática profissional do psicólogo abordadas até aqui, podemos nos deter sobre alguns itens capazes de gerar conflitos, ainda que não encerrem em si a totalidade das considerações a respeito, se é que ela existe realmente.

A QUESTÃO DO SIGILO

Taquette *et al.* (2005) entrevistaram vários profissionais de uma equipe de saúde voltada para o atendimento de adolescentes e listaram uma série de situações em que os profissionais relataram a necessidade da quebra de sigilo: crianças e adolescentes vítimas de violência física, sexual e moral; abusos sexuais; assédio; abandono; e maus-tratos sofridos dentro ou fora do âmbito familiar. Tais situações demandam mais cuidado, já que há o risco de que a quebra de sigilo leve a nova violência a uma descategorização da queixa e do sofrimento. Esse risco é potencial diante da ausência de políticas públicas de proteção adequadas, tão necessárias para que a criança, o adolescente, a família e até mesmo o profissional não se sintam acuados. Ao mesmo tempo, não podemos deixar que a violência contra crianças e adolescentes permaneça no silêncio.

Muitas vezes, quando estão envolvidas questões socioeconômicas – como a pobreza, a falta de recursos e de informações –, outras dificuldades se pronunciam: os profissionais devem denunciar os pais e/ou responsáveis aos órgãos competentes ou apenas orientação e acompanhamento são suficientes para que o sistema cuidador aja de outras maneiras?

Devemos refletir ainda sobre a quebra de sigilo quando os conflitos envolvem: atividades ilícitas (uso de drogas, aborto); jovens menores de 15 anos que têm atividade sexual (se realmente mantêm atividade livre de pressões); a autonomia do paciente (quando os pais não autorizam que o adolescente seja atendido sozinho, trazem-no contra a sua vontade ou não permitem que sejam realizados exames); o registro de informações confidenciais em prontuários e a divulgação de dados que ainda não foram comunicados ao adolescente e/ou a seus familiares; a pesquisa sobre sexualidade (que alguns adolescentes não querem responder porque devem ter autorização dos pais); jovens explorados em trabalho insalubre; cliente agredindo profissional; sedução sexual na relação profissional; paciente com doença incapacitante e/ou sem recursos financeiros para o tratamento; e profissionais de saúde impondo seus valores a adolescentes.

Nesses casos, os profissionais ficam entre o que diz o artigo 17 do ECA e a necessidade de proteger o adolescente.

> Art. 17. O direito ao respeito consiste na inviolabilidade da integridade física, psíquica e moral da criança e do adolescente, abrangendo a preservação da imagem, da identidade, da autonomia, dos valores, ideias e crenças, dos espaços e objetos pessoais.

O citado artigo, juntamente com o 3º, anteriormente transcrito, leva-nos à interpretação do documento que discute os marcos legais para intervenção em saúde com adolescentes emitido pelo Ministério da Saúde:

> Qualquer exigência, como a obrigatoriedade da presença de um responsável para acompanhamento no serviço de saúde, que possa afastar ou impedir o exercício pleno do adolescente de seu direito fundamental à saúde e à liberdade, constitui lesão ao direito maior de uma vida saudável. Caso a equipe de saúde entenda que o usuário não possui condições de decidir sozinho sobre alguma intervenção em razão de sua complexidade, deve, primeiramente, realizar as intervenções urgentes que se façam necessárias, e, em seguida, abordar o adolescente de forma clara sobre a necessidade de que um responsável o assista e o auxilie no acompanhamento. (Brasil, 2005a, p. 41)

O documento do Ministério da Saúde entende, ainda, que a resistência do adolescente em informar determinadas circunstâncias de sua vida à família demonstra uma desarmonia que deve ser enfrentada pela equipe de saúde, com o cuidado de preservar sempre seu direito ao atendimento. Recomenda o documento que, caso haja resistência fundada e receio de que a comunicação ao responsável legal implique afastamento do usuário ou dano à sua saúde, se aceite pessoa maior e capaz indicada pelo adolescente para acompanhá-lo e auxiliar a equipe na condução do caso, aplicando-se de maneira análoga o princípio do art. 142 do Estatuto da Criança e do Adolescente (Brasil, 2005a).

O Código de Ética de Psicologia (Resolução CFP n. 10/2005) parece nos orientar no mesmo sentido:

> Art. 8º – Para realizar atendimento não eventual de criança, adolescente ou interdito, o psicólogo deverá obter autorização de ao menos um de seus responsáveis, observadas as determinações da legislação vigente:

> §1º – No caso de não se apresentar um responsável legal, o atendimento deverá ser efetuado e comunicado às autoridades competentes;
> §2º – O psicólogo responsabilizar-se-á pelos encaminhamentos que se fizerem necessários para garantir a proteção integral do atendido.

No entanto, o documento do Ministério da Saúde enfatiza ainda mais o direito do adolescente à preservação da sua autonomia e à defesa da sua integridade física e moral, o que "implica o respeito à privacidade, à confidencialidade, ao direito de opinião e expressão, ao direito à escolha e ao consentimento informado para a realização de toda e qualquer intervenção" (Brasil, 2005a, p.15).

De forma semelhante, outros instrumentos reguladores e normatizadores parecem estar sintonizados com o respeito e a proteção da criança e do adolescente. Vale destacá-los a seguir:

> Art. 9º – É dever do psicólogo respeitar o sigilo profissional a fim de proteger, por meio da confidencialidade, a intimidade das pessoas, grupos ou organizações a que tenha acesso no exercício profissional.
> Art. 10 – Nas situações em que se configure conflito entre as exigências decorrentes do disposto no Art. 9º e as afirmações dos princípios fundamentais deste Código, excetuando-se os casos previstos em lei, o psicólogo poderá decidir pela quebra de sigilo, baseando sua decisão na busca do menor prejuízo.
> Parágrafo único – Em caso de quebra do sigilo previsto no *caput* deste artigo, o psicólogo deverá restringir-se a prestar as informações estritamente necessárias. (Resolução CFP n. 10/2005)

O já citado Código de Ética Profissional do Psicólogo afirma:

> Art. 13 – No atendimento à criança, ao adolescente ou ao interdito, deve ser comunicado aos responsáveis o estritamente essencial para se promoverem medidas em seu benefício.

No Código Penal Brasileiro, verificamos:

> Art. 154 – Revelar a alguém, sem justa causa, segredo de que tenha ciência, em razão de função, ministério, ofício ou profissão, e cuja revelação possa produzir dano a outrem.
> Pena: detenção, de 3 (três) meses a 1 (um) ano, ou multa.

No Código de Ética Médica (Resolução CFM, n. 1.246/1988), é vedado ao profissional:

> Art. 103 – Revelar segredo profissional referente a paciente menor de idade, inclusive a seus pais ou responsáveis legais, desde que o menor tenha capacidade de avaliar seu problema e de conduzir-se por seus próprios meios para solucioná-los, salvo quando a não revelação possa acarretar danos ao paciente.

Destacamos que nesse último Código não se adota o critério etário, mas o do desenvolvimento intelectual, determinando expressamente o respeito à opinião da criança e do adolescente e à manutenção do sigilo profissional, desde que o assistido tenha capacidade de avaliar o problema e conduzir-se por seus próprios meios para solucioná-lo.

Além das normas relacionadas, o documento *Marco legal: saúde, um direito de adolescentes* (Brasil, 2005a) considera que a revelação de determinados fatos para os responsáveis legais pode acarretar consequências danosas à saúde do jovem e a perda da confiança na relação com a equipe.

Assim, o sigilo independe da idade do cliente; sua quebra é prevista apenas nos casos de risco de vida ou de outros riscos relevantes para o próprio ou para terceiros. Exemplos: a recusa do paciente em informar ao parceiro sexual com quem mantenha relação sem o uso de preservativo que é portador do vírus HIV; distúrbios psíquicos do paciente que o façam rejeitar tratamento ou risco de suicídio/homicídio (Brasil, 2005a). Dessa forma, o acompanhamento profissional não pode deixar de levar em conta os aspectos relacionados com o consentimento dessas pessoas. Costa e Bigras (2007) também propõem que crianças e adolescentes sejam informados sobre os atendimentos e intervenções propostos a eles. E, pensando bem, como estabelecer uma relação de confiança, uma adesão a qualquer relação com o profissional de Psicologia, mesmo com crianças pequenas, sem informá-las e esclarecê-las das nossas propostas? Como fazer isso sem que crianças e adolescentes – bem como seus responsáveis – manifestem sua vontade de participar efetivamente dos procedimentos e objetivos da intervenção? Vale ressaltar, ainda, que nem todos os responsáveis acompanham seus filhos suficientemente a ponto de serem as pessoas mais adequadas para autorizar qualquer procedimento ou pesquisa com eles.

Outro documento do Ministério da Saúde (Brasil, 2005b), *Saúde integral de adolescentes e jovens: orientações para a organização de serviços de saúde*, aponta a necessidade de sigilo, afirmando que adolescentes e jovens devem ter a garantia de que as informações obtidas no atendimento não serão repassadas aos pais ou responsáveis, bem como aos seus pares, sem a sua concordância explícita. No entanto, eles devem ser informados sobre as situações que requerem quebra de sigilo, sempre que houver risco de vida ou outros riscos relevantes tanto para si quanto para terceiros, a exemplo de situações como abuso sexual, ideia de suicídio, informação de homicídios e outros. Também precisam ter o seu direito à privacidade assegurado, podendo ser atendidos sozinhos, caso desejem. O atendimento, portanto, deve fortalecer sua autonomia, oferecendo apoio sem a emissão de juízo de valor.

Agindo assim, estamos apostando nas potencialidades e possibilidades de crianças e adolescentes, e não apenas percebendo-os como vulneráveis, como pessoas sujeitas a riscos que devemos proteger. Crianças e adolescentes, à medida que crescem, ficam cada vez mais sujeitos a riscos e, na mesma proporção, surgem múltiplas possibilidades de agirem no mundo. Mas como vão se abrir às possibilidades, se iluminamos apenas a vulnerabilidade e os riscos?

> Ao contrário, o encorajamento de suas habilidades e o suporte para a autoconfiança fortalecem sua confiança e a manifestação da resiliência, ou seja, das atitudes positivas diante dos mesmos traumas. Os dois enfoques são complementares; enquanto o enfoque de risco prioriza a atuação no problema e características associadas ao dano (biológico ou social), sendo amplamente utilizado nos programas de atenção primária, o enfoque na resiliência atua no desenvolvimento das competências individuais e coletivas que protegem, preparando o indivíduo ou grupo para enfrentar e superar a adversidade. (Costa e Bigras 2007, p. 105)

Tal postura não afasta os pais, responsáveis, professores e profissionais de saúde do apoio ao desenvolvimento do corpo, do sentimento de confiança em si e no mundo e das competências para enfrentar a vida em sociedade e suas emoções. Nosso trabalho deve ser o de ampliar a rede de proteção e de informação, discutindo as políticas públicas dessa rede para que, além de oferecerem segurança, também respeitem os direitos e a autonomia de crianças e adolescentes. Não se trata apenas de preservá-los dos riscos, mas de prepará-los, por meio da discussão, para lidar com eles. Do nosso trabalho também deve emergir a autonomia, solo fértil para o desabrochar de possibilidades das crianças, dos adolescentes e de seus cuidadores.

Loch *et al.* (2007) mostram que muitos adolescentes não procuram ajuda mesmo em situações de risco – como o fracasso escolar, a delinquência, o início da vida sexual sem proteção adequada ou o uso de drogas – por receio de que os profissionais não mantenham o sigilo das informações. Os mesmos autores realizaram uma pesquisa com 711 universitários, entre 16 e 21 anos, acerca das situações em que os adolescentes consideram necessária a quebra do sigilo, sem o consentimento dos mesmos, pelos profissionais que lhes prestaram assistência. É interessante que registremos as situações hipotéticas e seus percentuais:

- tenho ideias de cometer suicídio (85%);
- estou sendo vítima de violência física (84,2%);
- estou com bulimia ou anorexia nervosa (81,3%);
- estou sendo vítima de abuso sexual (81,7%);
- sou HIV positivo(a)/tenho aids (57,9%);
- sou usuário(a) de álcool ou drogas (51,7%);
- tenho uma doença sexualmente transmissível (44,7%);
- estou grávida/engravidei minha namorada (33,6%);
- sou homossexual (20,7%);
- estou tendo relações sexuais (16,6%).

Essas discussões são levantadas pelos autores levando em conta relação médico-paciente. Mas será que não estão também presentes na relação entre psicólogos e clientes nos diferentes campos de atuação? As questões que se referem à necessidade da quebra de sigilo para os psicólogos são diferentes das que afligem os outros profissionais de saúde?

Para que envolver a família ou os responsáveis? Manter contato e envolver a rede de apoio no acompanhamento psicológico não significa a quebra de sigilo? Não é papel do profissional de psicologia informar aos cuidadores o que está acontecendo com a criança ou o adolescente?

Nem sempre a criança e o adolescente expõem-se para os adultos. Ou porque há um clima de desarmonia ou porque eles acreditam que não serão compreendidos. Nesse contexto, cabe-nos facilitar a comunicação para que eles expressem suas necessidades e tenham condições de continuar a fazê-lo mesmo sem a presença do profissional. Nosso papel é muito mais o de mediador que respeita os limites e as possibilidades de cada um.

Taquette *et al.* (2005, p. 1.721) perguntam: "Como ter certeza que o/a adolescente pode sozinho/a arcar com os cuidados de sua saúde?" Em resposta, propõem que se trabalhe com o adolescente o conflito de revelar ou não os fatos. Talvez possamos fazer o mesmo com muitas crianças, optando por uma postura não apenas de proteção, mas que trabalhe a autonomia e a responsabilização por sua saúde e bem-estar. Então, como agir quando há necessidade de quebra de sigilo? Algumas propostas:

- encorajar crianças e adolescentes a envolver a família no acompanhamento dos seus problemas;
- sempre que possível, a quebra de sigilo deve ser decidida pela equipe de saúde juntamente com a criança e o adolescente, fundamentada no benefício real para a pessoa assistida e não como forma de "livrar-se do problema";
- quando se verifica que a comunicação ao adolescente pode lhe causar maior dano, a quebra do sigilo deve ser decidida somente pela equipe de saúde, com a cautela ética e legal anteriormente mencionada (Brasil, 2005a).

Já quando crianças e adolescentes estão correndo risco e não nos é possível agir de acordo com o que foi proposto acima, o Estatuto da Criança e do Adolescente (1990) determina:

> Art. 245. Deixar o médico, professor ou responsável por estabelecimento de atenção à saúde e de ensino fundamental, pré-escola ou creche, de comunicar à autoridade competente os casos de que tenha conhecimento, envolvendo suspeita ou confirmação de maus-tratos contra criança ou adolescente.
> Pena – multa de três a vinte salários de referência, aplicando-se o dobro em caso de reincidência.

A NECESSIDADE DE TRABALHAR COM TODOS OS SISTEMAS

Até aqui, discutimos a importância de respeitarmos o direito de crianças e adolescentes ao sigilo. No entanto, essas pessoas são seres-no-mundo e seres *do* mundo; pertencem a diversos sistemas humanos e sociais. Muitas vezes, percebemos que os sistemas de cuidado e proteção podem e devem ser envolvidos. Na maior parte dos casos, o acompanhamento psicológico nas escolas, nos hospitais, nas clínicas e em outros campos de atuação do psicólogo exige intervenções da rede de apoio, para que crianças e adolescentes tenham maior adesão às propostas dos profissionais de saúde.

Na clínica particular, em especial, as crianças/os adolescentes chegam por intermédio dos pais ou responsáveis, que muitas vezes precisam se inteirar do tratamento. Mas como fazer isso respeitando o sigilo?

Em geral, pais que solicitam atendimento para os filhos também necessitam de ajuda, pois se sentem incompetentes por não conseguir dialogar e não agir da forma que sempre sonharam. Como profissionais, questionamos os pais muito presentes, os chamamos de superprotetores e invasivos e, muitas vezes, criticamos e/ou rotulamos outros de ausentes. Se não sabemos a medida, como exigir que pais que não são profissionais, que não fizeram escola de pais, acertem sempre? Além disso, cada filho precisa de uma forma de contato singular.

Destarte, nossos clientes passam a ser um sistema íntimo que precisa de apoio. Mas isso não pode significar que somente esse sistema é responsável pelas demandas apresentadas para acompanhamento. Assim como adolescentes não procuram ajuda com receio de que seu direito ao sigilo não seja respeitado, também temos pais ou responsáveis que não procuram ajuda com receio de ser julgados e culpados pelos problemas dos filhos. Devemos envolvê-los e responsabilizá-los, pois responsabilizar não significa culpar. Isso deve ficar claro para todos. Quem tem responsabilidade também tem poder para mudar o contexto. Repetir uma postura apenas crítica, além de não ser uma atitude produtiva, que em nada contribui para aumentar a adesão ao acompanhamento psicológico, também não é ética com os sistemas, pois não procura compreender o que todos estão vivenciando.

Falamos de ética, de cuidado, ao considerar esses aspectos? O que essas questões têm que ver com ética? É verdade que necessitamos partilhar o cuidado de crianças e adolescentes com sua rede de apoio. Devemos fazer isso de uma forma adequada, que respeite crianças e adolescentes em todas as suas possibilidades e não desqualifique a família, a escola ou outras instituições, além de reconhecer os aspectos positivos da rede de cuidadores, estimulando novas possibilidades de atuação para o sistema.

Na atividade clínica com a família, ouvimos de diversos pais e mães, pessoas geralmente competentes e com sucesso profissional, que os filhos os fazem sentir-se impotentes, até porque os amam muito. De fato, esse amor faz que se afastem, a fim de não criar conflitos. Outros pais relatam que se sentem desrespeitados e tentam impor limites de outras formas que não apenas o diálogo. Para sermos cuidadosos com crianças e adolescentes, também devemos ser com as outras partes do sistema. Não adianta apenas protegê-los se não mediamos as relações, fazendo que pais e filhos dialoguem seus diferentes pontos de vista.

Muitas famílias têm a ilusão de que pensar de forma diferente já implica separação, brigas. No entanto, viver em família é exercitar a diferença. A postura ética com a criança e o adolescente implica uma visão de todos os sistemas envolvidos. Crianças que estão em abrigos por serem vítimas de maus-tratos e violência costumam relatar que ainda assim prefeririam estar em casa. E por vezes propomos a solução pela Justiça em situações nas quais as intervenções deveriam ser sociais e/ou de saúde pública. Situações de violência geralmente vêm associadas à miséria, ao desemprego, ao alcoolismo e a outros problemas que envolvem sofrimento psíquico da rede de apoio.

De forma clara, percebemos que não podemos deixar de identificar, nas circunstâncias em torno da criança e do adolescente, os outros elementos de uma situação que sempre é complexa. Vemos frequentemente o contexto escolar, o jurídico, o de saúde, o social e o familiar trabalhando separadamente, transferindo a responsabilidade de um para o outro. Mas quem cuida dos cuidadores? Já testemunhamos profissionais de diferentes áreas responsabilizando apenas a família pelo fato de crianças e adolescentes estarem envolvidos no tráfico de drogas ou em situações de violência com afirmações como esta: "Eles cometem essas infrações porque têm famílias desestruturadas". E o que são famílias desestruturadas? Será que uma família com grande prole e baixa renda não necessita de muitos recursos de autorregulação e sabedoria para sobreviver com tão pouco? Trabalhar com a totalidade significa perceber o que é a figura, a queixa, as vulnerabilidades do sistema, mas também reconhecer os pontos saudáveis, ir para o fundo, lidar com as resistências para começar a agir. Trabalhar gestalticamente implica esse movimento figura-fundo, parte-todo.

Com crianças e adolescentes, temos de trabalhar em conjunto, juntando forças com os responsáveis pela sua proteção – e não desqualificando-os. Para isso, precisamos trabalhar por uma ética da complexidade, evitando fragmentar o conhecimento. Não podemos ver apenas o imediato e privilegiar o quantificável. Não devemos rejeitar a ambiguidade, as contradições, mas sim fugir da simplificação que limita os diagnósticos e mutila a compreensão (Morin, 2005). Ainda: precisamos dar respostas novas, criativas, que atendam às diferentes demandas da sociedade e das pessoas. É certo que quando trabalhamos em conjunto temos mais chances de uma efetiva adesão ao acompanhamento, pois diminuímos os sentimentos de impotência relatados pelas partes envolvidas.

O CUIDADO COM DIAGNÓSTICOS E RÓTULOS

Não é raro contarmos com rótulos prontos para justificar e explicar uma série de fenômenos psicológicos. Explicações do tipo "a criança tem problemas de aprendizagem porque a família é ausente" são recorrentes entre os profissionais de várias áreas. Porém, não perguntamos: é o sistema escolar que está com dificuldade de promover a aprendizagem ou é o processo de aprendizagem proposto que não respeita os valores do aprendiz? A família é ausente ou é trabalhadora?

Sendo trabalhadora, tem dificuldade de ir à escola sem faltar ao trabalho? E a escola? Apenas faz crítica à criança e à família ou propõe parcerias e ajuda? Diagnósticos baseados em rótulos instantâneos podem gerar exclusão ao invés de inclusão. A aplicação e a eficácia dos diagnósticos constituem uma questão delicada. Precisamos levar tudo isso em conta. Todavia, mesmo estando atentos a esses aspectos, devemos nos envolver nas avaliações psicológicas e também questionar outros diagnósticos. O que queremos enfatizar é que os cuidados éticos são necessários para que não haja discriminação e opressão de crianças, adolescentes, escolas e familiares.

As avaliações que realizamos – ressaltamos mais uma vez – devem considerar as determinações históricas, sociais, econômicas e políticas, e a natureza dinâmica, não definitiva e não cristalizada do seu objeto de estudo; explicitar a complexidade da demanda e do processo de avaliação, as diferentes possibilidades de encaminhamento, as sugestões e os projetos de trabalho que contemplem a complexidade das variáveis envolvidas durante todo o processo de avaliação (CFP, 2003). Devemos procurar ver por diferentes perspectivas, investigar diversos sistemas, dialogar com diferentes profissionais e teorias para caminhar rumo a uma ética da complexidade, evitando respostas rápidas e prontas (Morin, 2005).

Psicólogos recebem demandas de vários contextos (escolas, jurídico, convênios, por exemplo) para realizar avaliações psicológicas e, com base nelas, elaborar relatórios e pareceres. Fazê-lo pode não ser um problema; é também uma de nossas funções. O que devemos questionar é como estamos atendendo a essas demandas. Depois de emitido, um documento está sujeito a várias interpretações. É fato que um relatório, mesmo sendo sigiloso, vai ser lido por algumas pessoas, que vão agir baseando-se nos dados relatados e analisados.

Provavelmente a Resolução n. 007/2003, do Conselho Federal de Psicologia, que institui o *Manual de elaboração de documentos escritos produzidos pelo psicólogo decorrentes de avaliação psicológica*, foi elaborada com o objetivo de evitar alguns problemas que estão sendo motivo de abertura de processos éticos nos Conselhos Regionais de Psicologia. Como profissionais, a nossa ideia é evitar a exclusão. Porém, muitos documentos têm gerado e justificado a desigualdade devido a avaliações inadequadas, que se servem de explicações que ignoram a dimensão política e justificam tudo no plano das diferenças individuais de capacidade (Patto, 1997).

A Resolução CFP n. 007/2003 pode servir como guia para a elaboração de documentos, mas certamente não elimina a necessidade de treinamento para a realização de relatórios e pareceres. Um relatório que apenas emite um diagnóstico, sem informar o contexto de vida do avaliado, tem grande chance de gerar apenas exclusão, de dificultar ainda mais a inserção de uma criança ou de um adolescente no meio social. Podemos ver exemplos de pareceres inadequados na pesquisa de Hoenisch (2005). Analisando pareceres de psicólogos em estabelecimentos prisionais, emitidos para atender à demanda da Justiça, o autor nos desperta para o que também pode estar acontecendo em instituições de amparo a adolescentes.

> Nos documentos analisados [...] a argumentação utilizada apresenta diversas incoerências. De maneira geral, os técnicos trabalham com a ideia de que o ego do detento é capaz de "amadurecer" nas condições prisionais brasileiras. Segundo as argumentações, o ego dos infratores seria "imaturo e infantil". [...] Seu ego se apresenta imatu-

> ro e infantil, sem possibilidade de crescer com a oportunidade de reflexão que o aprisionamento lhe oferece, não sabendo aproveitar as oportunidades que lhe são oferecidas. (Hoenisch, 2005, p. 37)

Outro importante fator a ser considerado na elaboração de documentos é que somos pessoas em constante processo de mudança e não podemos deixar de explicitar a natureza dinâmica dos fatos descritos nas avaliações psicológicas (CRP, 2009). O Código de Ética Profissional do Psicólogo (2005) também nos lembra que devemos:

> Art. 1º, g – Informar, a quem de direito, os resultados decorrentes da prestação de serviços psicológicos, transmitindo somente o que for necessário para a tomada de decisões que afetem o usuário ou beneficiário.

E o art. 6º b nos orienta para que, na relação com outros profissionais, compartilhemos somente informações relevantes para qualificar o serviço prestado, resguardando o caráter confidencial das comunicações, assinalando a responsabilidade de quem as receber de preservar o sigilo (CFP, 2005).

Cada vez mais a Justiça brasileira tem solicitado o parecer de psicólogos para definir a guarda de crianças e adolescentes e discutir acusações de alienação parental. Esse trabalho, que envolve muita responsabilidade, é facilitado pelo fato de o profissional não ser contratado por uma das partes (pai, mãe, avós). Problemas têm surgido quando uma das partes solicita o parecer de um psicólogo que faz o acompanhamento psicoterápico de um menor de 18 anos. Primeiro, é preciso ressaltar que um contrato para acompanhamento psicológico não é o mesmo que um contrato para avaliação psicológica, documento para ser anexado a um processo judicial. Os dois procedimentos têm objetivos diversos e implicam um esclarecimento diferente para a criança e/ou para o adolescente que está sob nossa responsabilidade profissional. Nessas situações, cada uma das partes contrata profissionais para atuarem como assistentes técnicos, e as diferentes visões têm resultado em representações nos Conselhos Regionais de Psicologia, já que alguns psicólogos adotam em seus pareceres a mesma atitude adversarial dos profissionais contratados para defender os interesses das partes. No entanto, a postura de um assistente técnico nessas condições é a de colocar o interesse da criança em primeiro lugar (CRP-SP, 2009). Dessa forma, quando recebemos uma criança, ela e seus responsáveis devem ser esclarecidos sobre os objetivos de um acompanhamento psicológico. Da mesma forma, a criança deve entender qual é a demanda dos pais ou responsáveis quando encaminham-na ao psicólogo. Como garantir o sigilo profissional de um acompanhamento individual se depois somos solicitados a enviar para a justiça um parecer?

Temos também de levar em conta que, segundo o Código de Ética Profissional do Psicólogo (CFP, 2005), podemos atender um menor de 18 anos com a autorização de apenas um dos responsáveis, para que ela possa ter acesso a acompanhamento psicológico caso esteja sendo vítima de violência por parte de outro responsável. Apesar disso, podemos deparar com situações delicadas quando essa pessoa estiver envolvida em disputa de guarda ou estiver sujeita à guarda compartilhada.

CONSIDERAÇÕES FINAIS

Neste texto, procuramos mostrar que o acompanhamento de crianças e adolescentes exige de nós, psicólogos, um conhecimento amplo (teórico, prático, legal e de direitos humanos), bem como uma proximidade das redes de apoio, tanto públicas (escolas, outros profissionais, poder judiciário) como familiares, para aumentarmos nossas possibilidades de ação ética. Muito mais que uma simples intenção, uma ação ética implica, ainda, trabalharmos em equipe partindo de múltiplas visões, saindo do óbvio e das respostas prontas; em busca da objetividade, mas usando a intersubjetividade, de forma que possamos aplicar o método fenomenológico, que propõe que a percepção atual é acompanhada por uma gama de outras possibilidades.

As ideias da Gestalt-terapia de totalidade e de figura e fundo, que implicam movimento e mudança, tornam possível abrir um caminho para que crianças e adolescentes sejam cuidados eticamente, que possam ser pessoas capazes de dar significado, sentido, direção às suas experiências e ações, aumentando também seus horizontes de cidadãos que coconstruam intenções e ações éticas. Lembrando que, cuidando de um, estamos cuidando do todo. Cada vez mais, precisamos cuidar do todo, para que crianças e adolescentes sintam-se ligados, solidários, e não sozinhos no meio da multidão. Quando discutimos ética profissional, temos mais perguntas que respostas. E, mesmo cientes disso, precisamos ficar abertos a questionamentos, apesar das incertezas e angústias que provocam.

REFERÊNCIAS BIBLIOGRÁFICAS

BRASIL. Ministério da Saúde. Secretaria de Atenção à Saúde. Área de Saúde do Adolescente e do Jovem. *Marco legal: saúde, um direito de adolescentes*. Brasília: Ministério da Saúde, Secretaria de Atenção à Saúde, Área de Saúde do Adolescente e do Jovem, 2005a.

______. Ministério da Saúde. Secretaria de Atenção à Saúde. *Saúde integral de adolescentes e jovens: orientações para a organização de serviços de saúde*. Brasília: Ministério da Saúde, 2005b.

______. Ministério da Saúde. Secretaria de Atenção à Saúde. Departamento de Ações Programáticas Estratégicas. *Marco teórico e referencial: saúde sexual e saúde reprodutiva de adolescentes e jovens*. Brasília: Ministério da Saúde, 2006.

CONSELHO FEDERAL DE PSICOLOGIA (CFP). *Resolução CFP n. 016/2000 – Dispõe sobre a realização de pesquisa em Psicologia com seres humanos*. Brasília: Conselho Federal de Psicologia, 2000.

______. *Resolução CFP n. 007/2003 – Institui o Manual de elaboração de documentos escritos produzidos pelo psicólogo*. Brasília: Conselho Federal de Psicologia, 2003.

______. *Resolução CFP n. 010/2005 – Código de Ética Profissional do Psicólogo*. Brasília: Conselho Federal de Psicologia, 2005.

CONSELHO REGIONAL DE PSICOLOGIA DE SÃO PAULO (CRP-SP). *Jornal de Psicologia – Psi – CRP-SP.* "Algumas recomendações para profissionais que elaboraram documentos para Varas de Família", n. 159, fev./mar. 2009.

COSTA, Maria Conceição O.; BIGRAS, Marc. "Mecanismos pessoais e coletivos de proteção e promoção da qualidade de vida para a infância e adolescência". *Ciência e Saúde Coletiva*, Rio de Janeiro, v. 12, n. 5, out. 2007.

HOENISCH, J. "Caminhos da pesquisa, caminhos de análise – Reverberando sobre psicologia, perícia criminal e saúde mental". *Diálogos,* n. 2, mar. 2005.

HUSSERL, E. *La crisis de las ciencias europeas y la fenomenología transcendental* (traduzido por Steinberg & Terán). México: Folis Ediciones, 1984 (originalmente publicado em 1936).

LOCH, J.; CLOTET, J.; GOLDIM, J. R. Privacidade e confidencialidade na assistência à saúde do adolescente: percepções e comportamentos de um grupo de 711 universitários. *Revista da Associação Médica Brasileira*. São Paulo, v. 53, n. 3, Junho de 2007. Disponível em <http://www.scielo.br/scielo.php. Acesso em: 19 Abril de 2010.

MORIN, E. *O método 6: ética*. Porto Alegre: Sulinas, 2005.

PATTO, Maria Helena Souza. "Para uma crítica da razão psicométrica". *Psicologia USP*, São Paulo, v. 8, n. 1, 1997.

PHILIPPI, M. "Por uma ética transgressiva, na busca de um compromisso social da abordagem gestáltica". *II Encontro Candango da Abordagem Gestáltica*. Brasília: Anais do Congresso, 2006.

ROSENFELD, E. "A conversation with Laura Perls". In: *An oral history of Gestalt Therapy.* Disponível em: <http.//www.gestalt.org>. Acesso em: 3 ago. 1999.

TAQUETTE, Stella R. *et al*. "Conflitos éticos no atendimento à saúde de adolescentes". *Cadernos de Saúde Pública*, Rio de Janeiro, v. 21, n. 6, dez. 2005.

2 EPISTEMOLOGIA GESTÁLTICA E A PRÁTICA CLÍNICA COM CRIANÇAS

SERGIO LIZIAS

Não é raro os terapeutas, principalmente os iniciantes, questionarem o que de fato estão fazendo no *setting* clínico ao trabalharem com crianças: se estão brincando com elas ou apenas as acompanhando para ver se surge algo de "terapêutico". Muitos deles têm a sensação de que não estão fazendo nada que possa ser considerado terapêutico. Vários alunos em estágio de graduação e de cursos de formação em Gestalt-terapia que pude acompanhar em supervisão relatavam sempre algumas angústias, como: não saber que conduta terapêutica adotar no trabalho com crianças; não conseguir relacionar a teoria gestáltica com a prática clínica infantil; e, a mais grave, encontrar poucos materiais teóricos sobre psicoterapia infantojuvenil em Gestalt-terapia.

Também não é raro perceber, mesmo em terapeutas mais experientes, certa dificuldade de explicar à luz da teoria da Gestalt-terapia os fundamentos de sua prática terapêutica com crianças. Lembro-me do relato de uma colega bastante experiente cujo atendimento a uma criança consiste em apenas brincar de tomar chá por cerca de 6 meses com ela; na devolutiva, a mãe relatou as inúmeras mudanças apresentadas por sua filha. A terapeuta justifica o resultado assinalando que intuiu sobre a importância de respeitar a criança sem interferir em suas escolhas de viver o *setting* da maneira dela. Ou seja, sua conduta terapêutica foi pautada em seu próprio *feeling*. Como encontrar, porém, a fundamentação desse *feeling* precioso? O que, de fato, fazemos quando trabalhamos com crianças na clínica gestáltica? Qual a base desse *fazer* a partir do referencial teórico e filosófico de nossa abordagem?

A dificuldade em encontrar respostas a essas questões vem de uma herança da Gestalt-terapia centrada mais no fazer do que no teorizar. Talvez isso se deva em parte por uma má tradução e interpretação da assertiva de Perls (1983, p. 77), que ao focar na importância dos sentidos em relação ao intelecto afirma: "o objetivo da terapia, o objetivo do crescimento, é perder cada vez mais sua 'mente' e aproximar-se mais dos seus sentidos". Mas a principal herança do *fazer* vem dos primórdios da Gestalt-terapia, que, nas décadas de 1950 e 1960, foi dominada, segundo Jean Clark Juliano, por dois modos diferentes de se fazer e pensar. A chamada "Gestalt da cabeça", que se praticava em Nova York, e a "Gestalt visceral", ao estilo californiano, reproduziam uma antiga rivalidade entre o pensar e o fazer.

Na psicoterapia com crianças, a ênfase no fazer em detrimento do pensar/teorizar é mais flagrante ainda. No livro *Descobrindo crianças,* que inspirou durante décadas a prática da psicoterapia infantil em Gestalt-terapia, Violet Oaklander declara (1980, p. 346): "Uma dificuldade que tenho encontrado em sessões de treinamento é a apresentação do material teórico. Eu mesma aprendi a maior parte do meu conhecimento teórico no processo de fazer".

Psicoterapeutas mais experientes orgulham-se de ter adquirido um saber-fazer e recomendam o mesmo para os inexperientes: "É fazendo que se aprende!" Assim, deixam os terapeutas neófitos ansiosos em busca de um conhecimento gestáltico apropriado para fundamentar sua prática clínica com crianças. Na realidade, há uma grande diferença entre ter: a) experiência terapêutica adquirida; b) *feeling*; c) compreensão teórica e filosófica do *savoir-faire* gestáltico com crianças. Entendo que a junção desses três elementos provavelmente delineará uma epistemologia básica do trabalho clínico em Gestalt-terapia com crianças: o saber-fazer, isto é, o conhecimento gestáltico prático e a experiência clínica fundidos num arcabouço teórico gestáltico.

Hoje, isso tem sido parcialmente superado pela emergência de publicações de livros, artigos, trabalhos para congressos nacionais e regionais, todos tratando da relação Gestalt/criança na teoria e na prática. Este livro é um exemplo disso, pois seu desafio é de realizar uma ponte entre quatro "tipos" de criança: a criança que está no cotidiano das ruas, das escolas, das nossas casas; a criança que é atendida nos consultórios; a criança teorizada; e a criança por ela mesma. Provavelmente haja uma grande distância entre "essas crianças". Lembro-me de um cliente adulto que dizia: "Entre oito e oitenta há setenta e duas possibilidades diferentes".

Este texto é uma tentativa de aproximar "essas crianças" do referencial da Gestalt-terapia, admitindo a seguinte problemática: como a relação entre teoria e prática fundamenta o pensamento clínico e a teoria do conhecimento da abordagem gestáltica com crianças?

A RELAÇÃO TEORIA E PRÁTICA: LIMITES E POSSIBILIDADES DE FUNDAMENTAÇÃO CLÍNICA

A relação entre teoria e prática na psicoterapia infantil de base gestáltica enfrenta vários problemas. De um lado está a pouca produção teórica e, do outro, a dificuldade de reconhecer a epistemologia que sustenta sua prática. O resultado é a dificuldade de compreender o objeto da Gestalt-terapia consoante aos fundamentos teóricos e filosóficos que alicerçam aqueles fenômenos que ocorrem no *setting* terapêutico com crianças.

Os elementos epistemológicos, porém, não são unanimidade entre os Gestalt-terapeutas. Existe uma grande variedade de formas de fazer e pensar a Gestalt-terapia no panorama nacional e internacional. Há uma infinidade de institutos e centros de formação de Gestalt-terapia no Brasil e no mundo, cada um com a sua predileção por uma variedade de perspectivas filosóficas e por determinados conceitos que deságuam em práticas clínicas diversas, gerando, portanto, um problema epistemológico. Para exemplificar, uso o conceito de *contato*. Em Heidegger, é possível explorá-lo e ampliar seu raio de compreensão a partir da perspectiva ontológica de ser-no-mundo. Em Nietzsche, é possível "potencializá-lo" na sua filosofia da ação. Em Merleau-Ponty, é plausível a compreensão do conceito de contato a partir de sua perspectiva de corpo vivido em íntima relação com o conceito de *self*, isto é, uma consciência encarnada vivendo as multiplicidades de contato a cada momento. Em Husserl, é possível compreender seu fundamento através da metodologia fenomenológica privilegiando uma descrição rigorosa da experiência.

É possível, ainda, perceber os conceitos de *contato* e *fronteira de contato* em interface com as filosofias orientais, como o taoismo – relacionando-os com o *caminhar* e o *caminho do meio*, isto é, com a fronteira organismo/mundo como o "lugar" medial do processo de caminhar no mundo – e o zen-budismo, como elemento integrante para se chegar ao *satori*, ou iluminação pelo processo de atenção e concentração na experiência concreta imediata. Cada uma dessas perspectivas tem em sua base uma teoria de conhecimento. Por conta disso, é fundamental compreender qual teoria de conhecimento da Gestalt-terapia pode ser sustentada por uma determinada linha filosófica.

A diversidade de leituras, releituras e hermenêuticas do que seja Gestalt-terapia em relação a diversas perspectivas teóricas, filosóficas e práticas cria uma dificuldade em compreender sua epistemologia. Se, por um lado, a criatividade de nossa abordagem tem gerado muitas escolas, produzindo conhecimentos de maneira rica e interessante, por outro, provoca um questionamento: em que base epistemológica é possível pensar a prática clínica da Gestalt-terapia geral e, mais especificamente, no trabalho com crianças?

PROBLEMÁTICAS DE UM RECORTE EPISTEMOLÓGICO NA GESTALT COM CRIANÇAS

Uma das primeiras problemáticas encontradas para delinear uma teoria de conhecimento em Gestalt-terapia é a questão do impacto do pensamento contemporâneo que vem quebrando paradigmas, principalmente aqueles ideais iluministas da razão e do método científico, que trazem novas representações de mundo e de homem, e destronam as clássicas teorias de desenvolvimento infantil. Dessa forma, estamos saindo de uma modernidade para uma ultramodernidade, ou pós-modernidade, e partindo para uma reflexão nova sobre a relação sujeito-objeto. Se não fosse a genialidade de Perls, seu talento profético e sua visão de mundo ao colocar a Gestalt-terapia num paradigma holístico e dialético, estaríamos sendo consumidos por uma concepção de conhecimento da relação sujeito-objeto (condição fundamental de qualquer epistemologia) cristalizada por uma teoria obsoleta que não daria conta de uma práxis terapêutica da atualidade. O problema, no que diz respeito às crianças, é querer percebê-las como teorias de desenvolvimento que precisam ser atualizadas para que possam dar conta do sujeito-criança que emerge, cada vez mais, com novas cores e formas. Nesse sentido, qualquer tentativa de esclarecimento da epistemologia da Gestalt-

-terapia corre o risco de fechar-se em dogmas se não observar o movimento contemporâneo.

Outra questão que deve ser observada é que não se pode falar de criança no singular, já que existem tantos modos de ser e existir da condição infantil quanto são as estrelas no firmamento. Há uma diversidade de cores, formas, faixas etárias, etnias, condições socioeconômicas, gênero, aspectos biológicos e múltiplos fatores relacionais que se desdobram em formas idiossincrásicas do ser-criança. As influências ambientais – número de irmãos, relação com pais e responsáveis, vizinhos, amigos, parentes –, além dos aspectos educacionais e da formação cultural das pessoas que participam do campo do desenvolvimento dessas crianças, geram percepções diversas do ser-criança. Essa multiplicidade de crianças possibilita captar a singularidade de cada uma delas diante da miríade de configurações singulares de todas as outras crianças. Cada criança tem seu estilo e seus ajustamentos criativos próprios e específicos. Nesse sentido, é complexo e arriscado definir um tipo de conhecimento sobre o funcionamento infantil, levando em consideração apenas as características de faixa etária. Se existem inúmeros modos de ser criança, como responder o que é ser criança?

Essa problemática está relacionada com uma teoria de desenvolvimento. Se por um lado há a dificuldade de reconhecer uma teoria de desenvolvimento em nossa abordagem, por outro, é ainda mais difícil pensar sobre desenvolvimento sem cair na dicotomia evolucionista de começo-chegada, início-fim, origem-término de forma positivista. Ou seja, a perspectiva desenvolvimentista ainda é empedernida pela "idade da razão" e dos ideais iluministas na preconização de um método científico que busca a origem e o fim das coisas. Como pensar fenomenologicamente a criança no campo do aqui e agora sem correr o risco de congelá-la em sua faixa etária baseando-nos em características de desenvolvimento rígidas? A velha proposição de que ela é uma sementinha (jardim de infância), ou seja, de que ainda não é, ou é apenas o que será futuramente, joga-nos para a dialética entre o que ela está sendo e o potencial que ela tem para ser. Talvez a saída seja pensar a criança em processo de vir a ser. Não um *vir a ser* em direção à condição de adulto, mas a perspectiva gestáltica permite compreender o "ser-criança" como uma afirmação do momento transiente do aqui e agora na abertura de diversas possibilidades existenciais.

Atualmente, o progresso tecnológico pode ser visto como um dos fatores de estímulo que vem "provocando" o organismo infantil a determinados tipos de evolução, mostrando que as crianças já não cabem em fases lineares de desenvolvimento. Percebo a frequente constatação de professores de educação infantil e de pais de que determinados alunos e filhos são precoces. A impressão que tenho é que todas as crianças são precoces. Será que se trata mesmo de precocidade ou de um recente ajustamento criativo contemporâneo das crianças que transgridem aquelas fases descritas por Piaget, Freud e tantos outros?

Mas não é só a informática, nem o espaço cibernético, nem os aparelhos eletroeletrônicos que explicam tais precocidades, mas também a diversidade de tipos de família em que as crianças são criadas: sem pais, com dois ou mais de dois, o dobro ou mais de avôs, várias mães e inúmeros irmãos gerados pelos divórcios dos seus progenitores, além de casais homossexuais que contemplam seus filhos com dois pais ou duas mães entre outros aspectos. O campo vivido da criança contemporânea é cercado de novos materiais, interesses e necessidades, o que favorece inúmeras possibilidades de novos ajustamentos criativos no qual o conflito é uma das maiores fontes de mudança e crescimento, a partir da necessidade de agressão e assimilação em torno de novos elementos do ambiente. Da mesma maneira, a mídia põe a criança em contato com diversas informações sobre sexualidade, cultura e sociedade, gerando nos pequenos infantes novos modos de ser no mundo.

Além dessas questões, há a perspectiva à qual devemos pensar a criança: do ponto de vista do adulto ou da própria criança? Por exemplo, como pensar a constância do objeto no desenvolvimento da criança se tal perspectiva é, na maioria das vezes, tomada de Piaget, que se vale de uma perspectiva adultocêntrica? Como bem mostra Merleau-Ponty (2006, p. 179):

> Piaget diz que a criança não acredita na persistência dos objetos depois que eles desaparecem de seu campo visual. Mas é absurdo supor na criança a crença tanto na permanência quanto na não permanência no sentido entendido pelo adulto. Para descrever a experiência original da criança, seria preciso encontrar um meio de expressão que não sugerisse nem um mundo permanente, no sentido do adulto, nem um mundo de objetos que desaparecem.

O problema da constância do objeto está relacionado à fenomenologia da percepção da criança. Merleau-Ponty (2006, p. 184) afirma que a "constância das formas percebidas pelas crianças se deve à forma de percepção numa totalidade organizada segundo a própria lógica da criança". O desafio de quem educa ou trabalha com crianças é conseguir encontrar uma postura ética ao incluir-se no mundo fenomenológico da criança e não considerar a percepção desta da mesma maneira que acontece no modo do adulto perceber o mundo. Como mostra o mesmo autor, "na criança, graças ao fenômeno de constância, existe uma visão não caótica com estruturação do campo perceptivo (o que não quer dizer que a estruturação seja a mesma do adulto, nem tão perfeita quanto esta" (p. 185). Segundo Merleau-Ponty:

> não cabe atribuir à criança a concepção de uma coisa *absolutamente* permanente, como a natureza para o físico que, aliás, mesmo no adulto, não pertence ao mundo da percepção: cabe apenas reconhecer nela uma organização perceptiva preliminar às *operações lógicas*, contudo capaz de funcionar segundo sua lógica própria. (2006, p. 187, grifos do autor)

Há ainda outra questão que gostaria de salientar relacionada com uma epistemologia da Gestalt-terapia aplicada a crianças: na medida em que emerge e se delineia uma determinada concepção sobre a criança, em qualquer perspectiva teórica ou área, nascem simultaneamente modelos e formas de capturá-la e controlá-la. Numa sociedade capitalista, a categorização de um sujeito é recebida com estratégias básicas de consumo, seja por meio de artefatos de modas e comportamentos, seja por métodos pedagógicos e psicológicos. Uma criança delineada epistemologicamente, mesmo com as melhores intenções (e delas está cheio o inferno, como diz o ditado), sofre, segundo Perls, da praga do "deveríamos".

Observações empíricas levam à construção de modelos teóricos que suscitam modelos terapêuticos, os quais, por sua vez, passam a produzir modos de subjetivação de pessoas que deveriam ser desta ou daquela forma, para atender determinadas expectativas de um sistema social. Em suma, a criança estimulada pelos novos hábitos e informações do mundo contemporâneo passa para uma zona de desenvolvimento proximal, conforme Vigotsky, que entendemos como precocidade. Da mesma maneira, concebe-se uma nova teoria e formas de capturá-la, jogando-a no consumo de práticas e técnicas. Inspirada na perspectiva foucaultiana, Corazza (1998, p. 12) assinala:

> Investidas pelo biopoder em seus corpos sujeitados, "as crianças" serão seres vivos, cuja vida se calculará, e cujo fato de viver cairá no campo de controle do saber e de intervenção do poder, os quais se deixarão implicar em sua saúde, alimentação, condições de existência, necessidades, interesses, desejos, identidade.

Logo, a impressão que tenho ao escrever esse texto é, de forma metafórica, semelhante a de ter que responder o tipo de conhecimento que se tem do motor e das características de um carro mais ou menos conhecido enquanto ele vai correndo velozmente. Mas, na impossibilidade de pensar a criança em relação aos fundamentos epistemológicos da Gestalt-terapia sem correr os inúmeros riscos já expostos, pretendo realizar uma redução fenomenológica do seguinte modo: esboçar uma perspectiva epistemológica mínima e razoável sobre a prática com crianças em Gestalt-terapia com a crença de que há um espaço muito mais amplo em relação ao que elas podem, infinitamente, dizer sobre si mesmas.

ELEMENTOS EPISTEMOLÓGICOS DA GESTALT-TERAPIA

A epistemologia, ou teoria do conhecimento, pode ser definida, de um modo sumário, como a reflexão sobre a natureza e o valor do conhecimento (Penna, 2000). Nesse sentido, minha empreitada é procurar nos referenciais teóricos e filosóficos dessa abordagem qual o conhecimento da Gestalt--terapia sobre a criança. Isto é, tentar responder as perguntas: Como se pode conhecer a criança? Como a criança conhece o mundo? Em outras palavras: Qual a teoria de conhecimento e de desenvolvimento da Gestalt-terapia em relação à prática clínica com crianças?

Nicolai Hartman (*apud* Penna, 2000) observa que a primeira tarefa do epistemologista é descrever o ato de conhecer. Penna (2000, p. 20) explica: "o método próprio para alcançá-lo é o fenomenológico". Hartman vai retomar a concepção aristotélica de que no ato do conhecimento o sujeito apenas apreende a forma, mas não a matéria do objeto, e nisto consistiu a diferença entre a assimilação cognitiva e a assimilação de um alimento (Penna, 2000).

Ora, na Gestalt-terapia podemos encontrar alguns elementos básicos de uma teoria do conhecimento e um método fenomenológico para descrevê-lo. Em relação ao método, a descrição deve preceder qualquer explicação e interpretação. Para tanto, é preciso apreender os traços essenciais do fenômeno "criança" como novidade, procurando suspender tudo que se sabe e diz sobre ela para deixar o conhecimento do que seja a criança emergir da experiência vivida.

Há, ainda, outros elementos epistemológicos jogados aqui e acolá no livro básico *Gestalt-terapia* escrito por Perls, Hefferline e Goodman (1997) e no livro *Ego, Fome e Agressão* escrito por Perls (2002). A respeito do ato de conhecer, a abordagem gestáltica mostra que o conhecimento se dá por meio da consciência que assimila o mundo e produz mudança e crescimento (Perls, Hefferline e Goodman 1997, p. 45). Ou seja, "o organismo persiste pela assimilação do novo, pela mudança e crescimento" (*Idem*, p. 44). Em boa parte do livro *Ego, fome e agressão*, Perls vai relacionar a ingestão de alimentos com a forma de assimilação mental. No livro *Gestalt-terapia explicada*, Perls afirma, sobre o organismo humano, que "ao desestruturar a comida mental ou real, nós a assimilamos, a tornamos nossa, fazemos que seja parte de nosso crescimento" (Perls, 1979, p. 187). O conceito de assimilação é, fundamentalmente, um elemento epistemológico que esclarece nossa teoria de conhecimento. Conhecer é assimilar algo. Assimilar (tornar símile) significa a operação do organismo em absorver o material ambiental, de uma forma agressiva, para incorporá-lo (torná-lo corpo), a fim de promover mudança e crescimento.

Minha tarefa de esboçar uma epistemologia gestáltica com crianças significa debruçar-se sobre a forma como a criança entra em contato com o mundo e se comporta em relação a ele, absorvendo-o, dando sentido, crescendo e modificando-se. A criança, como bem observa Wallon, é pensamento no ato. Contato e ação estão, portanto, imbricados no que diz respeito à condição de possibilidade do conhecimento da criança sobre o mundo.

No livro *Ego, fome e agressão,* no capítulo sobre *metabolismo mental,* Perls explora de forma mais clara o que compreendo ser a teoria de conhecimento da Gestalt-terapia quando, para fundamentar a perspectiva gestáltica, cita J. C. Smuts:

> Assim como a assimilação orgânica é essencial para o crescimento animal, também a assimilação intelectual, moral e social por parte da personalidade se torna o fato central em seu desenvolvimento e autorrealização. A capacidade para esta assimilação varia bastante em casos individuais. Um Goethe podia absorver e assimilar toda ciência, arte e literatura. (Perls, 2002, p. 163)

A categoria "metabolismo mental" sem dúvida oferece um elemento importante para a compreensão da tessitura de uma teoria do conhecimento em Gestalt-terapia. Ao longo deste livro, Perls (2002, p. 195) estabelece uma relação entre o metabolismo orgânico e o metabolismo mental, mostrando que a "absorção do mundo apresenta três fases diferentes: introjeção total, introjeção parcial e assimilação, correspondendo às fases de alimentação, 'mordida' e 'mastigação' (os estágios pré-dental, incisivo e molar)".

Polster e Polster (1979) explicam que inicialmente a criança engole inteiro o alimento que é facilmente assimilável, mas que em seguida ela começa a mastigar para alterar (desestruturar) o que seu mundo lhe proporciona sob forma digestiva. Isto é, "a fome de alimento se comporta como a fome física" (Perls, 2002, p. 169).

Outros elementos epistemológicos são citados no clássico livro *Gestalt-terapia*, quando Perls, Hefferline e Goodman (1997) desdobram o par dialético sujeito-objeto a partir de "falsas" dicotomias, numa tentativa de interpretá-las e conduzi-las a uma teoria do *self* e a sua ação criativa. Dentre as várias dicotomias trabalhadas nesse livro, esses autores destacam: corpo e mente; *self* e mundo externo; infantil e maduro; biológico e cultural; inconsciente e consciente. Ou seja, é possível compreender que no lugar do par sujeito/objeto, a relação organismo humano/ambiente instaura o lugar do conhecimento:

> Em toda e qualquer investigação, psicológica ou sociológica temos de partir da interação entre o organismo e seu ambiente [...] não há uma única função, de animal algum, que se complete sem objetos e ambiente, quer se pense em funções vegetativas como alimentação e sexualidade, quer em funções perceptivas, motoras, sentimento ou raciocínio. (Perls, Hefferline e Goodman, 1997, p. 42)

Outro elemento fundamental para a epistemologia gestáltica é a compreensão de que as próprias categorias sujeito/objeto, entendidas aqui por meio do conceito de organismo/ambiente, emergem a partir da experiência vivida pelo funcionamento da fronteira de contato. Ou seja, "as próprias ideias de organismo e ambiente são uma abstração ou uma construção possível, ou uma potencialidade que se dá nessa experiência como indício de alguma outra experiência" (*Idem*, p. 41).

Considero que Perls (1983, p. 65) quando diz "nada existe a não ser o aqui e agora", quer mostrar exatamente que todo e qualquer conhecimento surge do funcionamento dessa fronteira. Nesse sentido, o conhecimento do que seja sujeito/objeto também emerge da experiência do funcionar da fronteira. Assim, volto àquela assertiva de Perls sobre "perder a mente e recuperar os sentidos". Aqui, há valiosos elementos epistemológicos sobre a importância das emoções como fonte de conhecimento. Perls, Hefferline e Goodman (1997, p. 213) realizam a síntese dialética de um problema eminentemente epistemológico que é a questão da assimilação cognoscitiva e da sensitiva quando mostram que "as emoções são o tipo de conhecimento motivador que permite ao animal experienciar o ambiente como sendo seu, crescer, proteger-se e assim por diante". Mais adiante, assinalam:

> As emoções são meios de cognição. Longe de serem obstáculos ao pensamento, são produções únicas do estado do campo organismo/ambiente e não têm substituto; são a maneira pela qual nos tornamos conscientes da adequação de nossas preocupações; a maneira como o mundo é para nós. (Perls, Hefferline e Goodman, 1997, p. 213)

É possível, então, perceber o esboço de uma epistemologia gestáltica básica quando se compreende o significado da agressão como força biológica e a relação entre agressão e assimilação no conhecimento do mundo. Assim como a Gestalt-terapia, a partir do método fenomenológico, tem condição de descrever tal conhecimento.

Por outro lado, a teoria de conhecimento de uma abordagem necessita também provar seu caráter refutável a partir de seus enunciados. De acordo com Penna (2000, p. 26), "o que efetivamente lhe assegura essa condição é o método com que foi obtido e, sobretudo, como ressalta Popper, a resistência que oferece à refutação". A Gestalt-terapia tem também um método de refutabilidade que é o método contextual de argumentação:

> Empregamos um método de argumentação que pode parecer, à primeira vista, injusto, mas que é inevitável, e em si mesmo um exercício da abordagem gestáltica. Chamemo-lo de "método contextual"[...] Nosso método é o seguinte: mostramos que nas condições de experiência do observador ele tem de sustentar a opinião e, em seguida, pela ação da *awareness* sobre as condições limitantes, admitiremos a emergência de um melhor parecer (nele e em nós mesmos). (Perls, Hefferline e Goodman, 1997, pp. 56-7)

A possibilidade de admitir um melhor parecer sobre a Gestalt-terapia acompanhou em vários momentos a trajetória de Perls. O livro *Escarafunchando Fritz: dentro e fora da lata do lixo* é um exemplo disso. Quando se entra em contato com a vida e obra de Perls percebe-se, muitas vezes, que ele joga o conhecimento da Gestalt-terapia na lata do lixo. Sem me dar conta disso, também joguei a Gestalt-terapia muitas vezes na lata do lixo todas as vezes que aparecia um melhor parecer sobre conhecimento do mundo e do homem; para minha surpresa, a Gestalt emergia, novamente, em novas cores e formas. Assim também é o conhecimento de criança e de prática clínica em Gestalt-terapia que "jogamos fora" ou suspendemos quando, em contato com ela no campo do vivido, admitimos que "o problema da psicoterapia é arregimentar o poder de ajustamento criativo do paciente sem forçá-lo a encaixar-se no estereótipo da concepção científica do terapeuta" (Perls, Hefferline e Goodman, 1997, p. 90).

Ora, há um fazer, mas não um fazer qualquer. Há um caráter precioso da experimentação que instaura o círculo hermenêutico da pré-compreensão à compreensão numa espiral sem fim, entre compreender, suspender e voltar a compreender de forma sempre nova a criança. De modo que todo "jogar fora" de qualquer concepção de criança e desenvolvimento infantil não quer dizer voltar à estaca zero, mas produzir sempre um novo conhecimento a partir da realidade transiente e também de refutá-lo. Isto é:

> Quando estamos em contato com a necessidade e as circunstâncias, torna-se imediatamente claro que a realidade não é algo inflexível e imutável, mas que está pronta para ser recriada; e quanto mais espontaneamente exercemos todo poder de orientação e manipulação, sem nos conter, tanto mais viável provará ser essa recriação. (Perls, Hefferline e Goodman, 1997, p. 60)

Qual o tipo de sujeito mundano vive intensamente a novidade do mundo com tanta maestria, sensibilidade e criatividade senão a criança? O sujeito criança quando se introduz no mundo não se contém diante das primícias lúdicas de possibilidades múltiplas de *re-criação* da realidade por conta da abertura intensa de seus horizontes de sentidos. *Re-creação* é o lúdico e a criatividade de mãos dadas, no mesmo ato, diante do conhecimento do mundo. As crianças estão muito mais para ensinar à Gestalt-terapia a maravilha da vivência no presente transiente com sua espontaneidade e potencial criativo do que para serem pensadas como objetos de análises. Seria necessária uma abordagem que se aproximasse do vivido infantil, afirmando o presente imediato para poder encontrá-la em sua intensidade.

A epistemologia em Gestalt-terapia, quando se refere ao sujeito infantil, pode ser compreendida na medida em que considera que o conhecimento emerge pela configuração de um tipo de *awareness* que se dá no processo de assimilação da figura de interesse no campo organismo/ambiente. A figura de interesse tem uma dominância para a criança e sua emergência forja o que chamamos de conhecimento infantil sobre o mundo. Elementos como contato, *awareness* e campo organismo/ambiente formam o arcabouço teórico principal da Gestalt-terapia. Conjugando-os de forma coerente e em constante interface com os fundamentos de base, podemos conhecer o *savoir-faire* gestáltico com crianças.

RELAÇÃO ENTRE FUNDAMENTOS, TEORIA E PRÁTICA NA CONSTRUÇÃO DE UM ESBOÇO EPISTEMOLÓGICO NA GESTALT-TERAPIA COM CRIANÇAS

Gary Yontef traz uma definição de três elementos básicos que podem ser encontrados nas mais diversas formas de se pensar/fazer Gestalt-terapia:

> 1. A Gestalt-terapia é fenomenológica. Sua única finalidade é a consciência e sua metodologia é a metodologia da *awareness*. 2. A Gestalt-terapia é baseada completamente no existencialismo dialógico, isto é, no processo Eu-Tu, contato-saída. 3. O conceito básico da Gestalt-terapia e sua visão de mundo são baseados no holismo e na teoria de campo. (Yontef, 1998, p. 234)

Portanto, a fenomenologia tem a dialogicidade e a teoria de campo como bases em comum a despeito das diferentes leituras sobre Gestalt-terapia. É possível dizer então que esses três elementos podem ser considerados o alicerce epistemológico de onde se ergue a teoria e a prática da Gestalt-terapia como na seguinte pirâmide:

A prática gestáltica deve estar ancorada nos componentes/ elementos do seu arcabouço teórico e filosófico e estes, por sua vez, precisam estar congruentes com a prática. É no esquema abaixo que se pode perceber tal articulação entre fundamentos, conceitos teóricos e prática clínica.

FUNDAMENTOS	CONCEITOS TEÓRICOS	PRÁTICA
Fenomenologia Edmund Husserl, Merleau-Ponty, Martin Heidegger	Metodologia de *Awareness*	Facilitação do processo de dar-se conta
Teoria de Campo Kurt Lewin	Campo/ organismo/ambiente	Compreensão do comportamento em função do campo
Existencialismo dialógico Martin Buber	Contato, eu-tu/eu-isso fronteira de contato	Relação terapêutica e outras relações

Na primeira linha, por exemplo, a prática do processo de dar-se conta é que une o fundamento filosófico (fenomenologia) com o conceito teórico (*awareness*). Da mesma maneira, quando se compreende na prática que o comportamento se modifica de acordo com o campo, toma-se a teoria de campo para fundamentar a perspectiva gestáltica pela concepção de campo/organismo/ambiente. Da mesma forma, a partir da relação da criança com as pessoas de seu ambiente e com o terapeuta é possível tomar o conceito de contato em interface com a perspectiva dialógica.

É importante considerar que fenomenologia é uma corrente filosófica e a teoria da Gestalt-terapia na clínica com crianças é uma abordagem psicológica. É por meio da metodologia da *awareness* que fenomenologia e psicologia têm relação com os fenômenos clínicos, numa atitude terapêutica de facilitação da tomada de consciência ao se considerar que consciência é sempre consciência de algo, e algo é sempre algo para uma consciência. Quando o terapeuta indaga à criança "o que acontece agora?", ele quer dar ensejo a uma descrição dos dados imediatos da consciência infantil. O terapeuta precisa estudar fenomenologia para compreender os fundamentos das intencionalidades infantis, isto é, como se dão as visadas da consciência da criança em relação à figura de maior interesse no campo/organismo/ambiente. Isso refere-se a toda e qualquer intervenção do terapeuta que solicita a descrição do vivido da experiência imediata e intencional da criança. Há, então, a base fenomenológica, a teoria e o método da *awareness*, e uma prática que busca compreender a estrutura da experiência vivencial da criança no campo do aqui e agora.

Martin Buber (2004), da mesma maneira, em maior ou menor "aplicação" nas diversas "Gestalt-terapias" é, sem dúvida, um dos fundamentos que sustenta a prática e a teoria gestáltica por meio de sua antropologia e ontologia da relação. Encontra-se no contato e, de forma mais específica, na fronteira de contato, o "lugar teórico" em que ocorre a experiência do *eu/tu-isso*. É possível dizer então que o existencialismo dialógico de Buber pode ser compreendido como a base da dialogia em que o conceito de contato se dá de forma prática. Isso quer dizer que, em termos vivenciais, o contato que ocorre entre criança e terapeuta é compreendido e trabalhado a partir da condição de que somos seres de relação. Numa abordagem dialógica, o terapeuta relaciona-se com a criança como outro e, nessa relação, as novidades de vida vão alimentar a terapêutica.

Quanto à teoria de campo, é também um ponto em comum com as diversas roupagens que a Gestalt-terapia pode ter sobre a compreensão do comportamento em função do campo. Perls, Hefferline e Goodman (1997, p. 111) deixam claro aqui: "A irresponsabilidade de uma criança deriva de sua dependência: na medida em que é parte íntima do campo dos pais..."

É importante perceber que, tratando-se de um "recorte" epistemológico, os conceitos teóricos, a base filosófica ou psicológica em que eles se sustentam e a sua prática estão totalmente interligados. Isto é, um precisa explicar e esclarecer o outro. Às vezes, é possível observar que um conceito emerge dando maior compreensão à situação terapêutica vivida e sua base filosófica é facilmente compreendida já que a prática é uma só. Porém, às vezes, não é possível identificar as configurações dos conceitos quando se está na práxis, mas quando em supervisão sim. Isso quer dizer que é possível, dentro da Gestalt-terapia, compreender que sua teoria e prática unem essas bases num todo reorganizado que forma uma nova configuração – em que teoria de campo, dialogicidade e metodologia da *awareness* estão completamente interligadas nas intervenções. Há o que se poderia chamar de "contaminação sistêmica". Por exemplo, quando se solicita a uma criança que desenhe sua família, ela descreve a experiência que tem da sua dinâmica familiar por meio dos sentidos que dá aos traços em termos de distância, cores, formas, entre outros aspectos. Quando o terapeuta intervém: "Você desenhou seu pai aqui na beirinha e você aqui...", a metodologia da *awareness*, teoria de campo e os sentidos que ela dá à relação estão todos contemplados em tal intervenção. É possível perceber como a criança dá sentido ao seu campo relacional naquele momento e facilitar o seu "dar-se conta" de como o desenho pode expressar tal relação, auxiliando-a a compreender o seu comportamento em função do seu campo familiar. Portanto, a soma desses elementos tem como resultado um campo fenomenológico numa Gestalt completamente nova. Yontef, por exemplo, articula de bom tom a teoria de campo com a fenomenologia:

> A teoria de campo fenomenológica localiza a experiência do percebedor no tempo e no espaço aqui e agora. Isso significa que o processo de ter consciência, *aware*, sempre acontece no aqui e agora, embora o objeto da *awareness* possa estar no 'ali', e no 'então'. (Yontef, 1998, p. 160)

Na prática, o campo que o psicoterapeuta tem para explorar é o contexto terapêutico, onde e como se dá a sessão; tem também – por intermédio do contato com os pais e às vezes com a escola da criança – uma compreensão do seu campo vivencial. O terapeuta é convidado a perceber a importância do tempo, das cores e das formas da sala na visão da criança, e o modo como ele e a criança vivenciam os sentidos daquele campo configurando sempre – em cada sessão e com cada criança – um campo configuracional novo. Portanto, o campo não é apenas físico, mas também fenomenológico. O terapeuta observa os dados imediatos de sua consciência a respeito de sua relação com a criança, observa as reações dela na sua presença, experimentando compreender o modo como se configura o espaço da ludicidade, do silêncio, da conversa entre ele e a criança como algo importante para os ajustamentos criativos dela. Passa a conhecer, a partir do comportamento da criança, a forma como ela vive o campo físico e fenomenológico, e pode adquirir consciência da imbricação dos inúmeros campos que ali se desdobram e devolver isso à criança.

A metodologia da *awareness* se dá todas as vezes que se privilegia o evento de maior importância no campo organismo/ambiente. Para Merleau-Ponty (1966, p. 13), "cada consciência é nascida no mundo e cada percepção é um novo nascimento da consciência". Nesse sentido, a intencionalidade não deixa de ser da consciência, porém esta consciência está situada no mundo, numa relação de abertura. No trabalho com crianças, é possível perceber como cada figura de contato emerge de modo brilhante: "tem propriedades específicas observáveis de brilho, limpidez, unidade, fascinação, graça, vigor, desprendimento" (Perls, Hefferline e Goodman, 1997, p. 46). O terapeuta é convidado a mergulhar no mar de cada figura de contato que a criança lhe apresenta. No trabalho com adultos, dá tempo de refletir melhor nos elementos desse "mar". Com crianças, quase não há tempo para esse movimento de revolver o pensamento. É ali, na hora, que acompanhamos o fluxo de intencionalidades de cada movimento da criança e participamos de seu mundo lúdico de cores e formas, aproximando-se de suas intensidades delicadas a cada momento.

A seguir, serão vistos esses conceitos, com ênfase ora em um, ora em outro, mas ao mesmo tempo percebendo como todos estão imbricados na prática clínica.

HERMENÊUTICA DOS ELEMENTOS EPISTEMOLÓGICOS GESTÁLTICOS NA PRÁTICA CLÍNICA COM CRIANÇAS

A fim de possibilitar uma ilustração de como a teoria de conhecimento em Gestalt-terapia com crianças constitui o *savoir-faire* na configuração dos elementos esboçados anteriormente, apresento a seguir alguns exemplos de casos clínicos. A supervisão didática, com a narrativa daquilo que o supervisionando traz, permite realizar a hermenêutica do contato vivido entre terapeuta e criança, identificando conceitos e fundamentos gestálticos. Pode-se também tomar a própria experiência clínica para identificar elementos teóricos de um processo terapêutico com uma determinada criança. Neste texto, farei as duas coisas. A proposta é reconhecer a epistemologia gestáltica nas intervenções terapêuticas, observando quando esta contempla vários elementos teóricos e filosóficos, na prática.

Recordo-me de Pedrinho (nome fictício), de 5 anos, que entrou na sala e me disse, chateado, que não deu tempo de a mãe comprar as figurinhas do *Dragon Ball Z*. Num muxoxo, arriscou: "Você pode ir comprar figurinhas comigo?" Como meu consultório ficava em frente a uma banca de revista, respondi: "Podemos, mas antes preciso ligar para sua mãe e avisá-la, tá certo?" A mãe concordou e saímos para comprar as figurinhas. Ele ficou radiante. Voltamos para a sala e Pedrinho abria os envelopes de figurinhas com ansiedade. Brincamos muito e aprendi muito sobre o mundo dele apenas conversando sobre as personagens do álbum. Nesse caso, foi considerada a importância da nossa relação e na compreensão da figura de maior interesse no campo de Pedrinho. O resultado foi a conquista de uma abertura maior no contato comigo, pois antes disso ele se mostrava um tanto resistente.

Também me recordo de Claudinho, 6 anos, um garoto extremamente expressivo e criativo. Em uma de nossas sessões, a mãe chegou dizendo, na frente dele, que ele não havia feito o dever de casa. Iniciei a sessão e disse a ele: "Cara, quer dizer que você não fez o dever de casa? Eu me preocupo com você!" Ele olhou para mim e disse: "Você parece um pai! Eu não tenho pai. Sei que você não é meu pai, mas gosto de me sentir como se você fosse meu pai". A mãe de Claudinho era solteira e ela se queixava da falta de limites dele. Porém, a figura para mim não era a mesma que sua mãe via: eu reconhecia que a falta de um pai poderia estar provocando esse comportamento. Percebia que nosso campo relacional tinha algo de paternidade que ele demandava, e eu correspondia.

O terapeuta é, sem dúvida, seu principal instrumento: havia em mim uma paternidade importante para o processo de limites de Claudinho. Nessa mesma sessão perguntei: "Como é não ter pai? Como é só ter mãe?" Ele disse: "É chato, às vezes, ela me deixa fazer as coisas que quero, mas às vezes não. Eu às vezes faço de *piçarra* [ri]. Eu queria ter um pai!" Disse a ele: "Ela não tem culpa de você não ter pai... Aqui na terapia podemos sentir o gosto de uma relação pai/filho, mas a gente sabe que nem eu sou seu pai, nem você é meu filho e ainda assim podemos viver isso aqui". Ele me abraçou e disse, para minha surpresa: "Legal, não vou mais fazer *piçarra* com a minha mãe!" Ele havia compreendido uma possibilidade de encontrar uma sensação de paternidade na nossa relação e ficou satisfeito. Mais do que isso, passou a não fazer mais pirraças com a mãe. Ele percebeu também que seu comportamento era uma forma de culpá-la por não dar um pai para ele (*awareness*).

Outro dado interessante é que ele me usava como se eu fosse uma escada para subir para o mezanino da sala e lá ficar brincando metido com os inúmeros panos coloridos. Descia e subia por mim. Muitas vezes, eu saía das sessões encharcado de suor. Sentia que a escada, eu, era também uma forma de contato dele com um corpo de homem, "pai", com o qual ele não tivera grandes experiências de contato.

Reconhecendo que poderia findar o prazo do "empréstimo" de minha paternidade para ele, incluí o avô e um tio no seu processo, de modo que Claudinho assimilou que poderia se nutrir da relação paterna com outros homens e fechar a Gestalt da falta de uma figura masculina em sua vida. Assim, diminuiu as pirraças com a mãe e passou a compreender melhor os limites da escola e da vida em geral sem deixar de ser extremamente criativo e expressivo.

O psicoterapeuta que trabalha com crianças tem a possibilidade de compreender a força da relação terapeuta/cliente, pela interface contato/relação, observando como o contato da criança com o mundo "aparece" nele e com ele; a partir daí, pode trabalhar as demandas com determinadas atitudes terapêuticas. A criança vai construindo seu conhecimento sobre como se relacionar com o mundo e com os outros a partir dos primeiros contatos com seus cuidadores em termos de ausência/presença e atenção/desatenção. Isso aparece nas intencionalidades das formas de a criança relacionar-se com o terapeuta, porém sempre como um evento inusitado para os dois.

Buber (2009, p. 69), de forma magnífica, demonstra a originalidade da intenção relacional a partir da fenomenologia do contato da criança com a *vermelhidão* de um arabesco num tapete:

> A originalidade da aspiração de relação já aparece claramente desde o estado mais precoce e obscuro. Antes de poder perceber alguma coisa isolada, os tímidos olhares procuram no espaço obscuro algo de indefinido [...] é sem finalidade, ao que parece, que as suaves e pequeninas mãos gesticulam, procuram algo de indefinido no vazio [...] estes olhares, depois de minuciosas tentativas, se fixarão em um arabesco vermelho de um tapete e dele não se desprenderão até que a essência do vermelho se lhes tenha revelado. [...] não

> se trata de uma experiência de um objeto, mas de um confronto, que sem dúvida se passa na "fantasia", com um parceiro vivo e atuante (Esta "fantasia" não é de modo algum, uma "animação": ela é o instinto de tudo transformar em Tu, o instinto de relação).

A criança é uma exploradora de contatos e não tem uma atenção desfocada como querem sugerir aqueles diagnósticos que rotulam a criança com *déficit* de atenção. São as pessoas e o ambiente em que vive que se tornam interessantes/desinteressantes de serem focados ou não para um contato-relação.

A ludicidade é arte quando a criança endereça o Tu para algo ou para alguém e isso se configura numa cumplicidade vivencial entre sujeito e "objeto" do conhecimento. O lúdico, portanto, não se encontra apenas nos objetos: o terapeuta é também algo lúdico para a criança. A ludicidade também não é exclusiva da criança: é a racionalidade do adulto que bloqueia o vivido lúdico.

> O que é importante na psicologia da arte não está no sonho ou na consciência crítica; está (onde os psicanalistas não o buscam) na sensação concentrada e na lúdica manipulação do meio material. O artista coloca sua *awareness* em modo intermediário e cresce no sentido da solução. Ocorre o mesmo com as crianças: é a sensação vívida e a brincadeira irrestrita destas, aparentemente sem objetivo, que permite à energia fluir espontaneamente e chegar a semelhantes invenções fascinantes. (Perls, Hefferline e Goodman, 1997, p. 59)

Quem trabalha ou convive com crianças é convidado a reconhecer o potencial do lúdico no desvelamento do que pode acontecer entre o adulto e a criança e celebrar a emergência da *awareness* de cada contato como novidade no campo relacional. Ambos se encontram num campo essencialmente lúdico e vivem cada contato como um jogo. A própria criança também pode ser considerada um enigma, um jogo que não se sabe decifrar. E é por não saber que se experimenta jogar com este pequeno grande sujeito. É experimental. Aqui se configura o terapeuta como um parceiro de uma relação lúdica.

Os campos de nossos vividos se encontram ali na sala pelas intencionalidades de nossas consciências, nas queixas e demandas trazidas por seus responsáveis e também naquilo que emerge como um evento no intervalo relacional entre o terapeuta e a criança. A imbricação desses campos se configura ludicamente em nossos contatos. Quando entro em contato com a criança procuro me preparar para o nosso encontro me perguntando: como ela me percebe? Como quer jogar/brincar comigo? Com que cores e formas apareço para ela? Qual sentido ela dá à minha presença naquela sala junto com ela? Como me olha ou não me olha? Fala comigo ou se envolve mais com os brinquedos? Como atravessa o espaço com seu corpo? Como vive o tempo? Faço as mesmas perguntas para mim mesmo no contato com ela. Lembro-me, por exemplo, de uma criança que aprendeu a noção de tempo, pois gostava tanto de vir à sessão e brincava com tanta liberdade e prazer que me perguntava sempre: "Falta quanto tempo para acabar?" Eu ia dizendo: "Falta 'tanto' tempo" mostrando a ela todas as vezes que perguntava, o movimento dos ponteiros do relógio.

A palavra, na perspectiva buberiana, é ato. Como a criança introduz-se na existência a partir de como se movimenta na sala comigo? Se há silêncio, isso não me incomoda, pois é um modo dela introduzir-se no mundo pelo silêncio. Seu silêncio é uma "palavra" existencial que quer dizer tanto quanto se falasse. Procuro ver cores e formas ao olhar para a criança e percebê-la ali comigo. É tão estranho para ela como para mim, mas tal estranheza é a afirmação dos nossos vividos, mas não como estranheza em si e sim como um evento novo que não sabemos onde vai dar. Toda sessão é nova e estranha. Deixo-me impactar pela estranheza, mesmo conhecendo algumas coisas de nossos vividos. Aquele evento é único e aquela criança é única. Como diz Buber (2004, p. 56): "A força de sua exclusividade apoderou-se de mim".

De acordo com Lewin (1973), o comportamento é função do campo e da realidade em que ocorre. A criança traz para o *setting* terapêutico elementos do campo vivido. Lembro-me de uma supervisão em que a terapeuta que atendia uma criança em certo projeto social narrava sua dificuldade de lidar com limites. Sugeri que visitasse a criança em sua casa. Ela me disse: "A família toda mora numa pequena casa com apenas um cômodo. Os pais e irmãos dormem neste único cômodo da casa". Como essa criança poderia ter limites se nem os limites físicos eram contemplados? A conduta terapêutica foi a de conversar com os pais para, ao menos, providenciarem caixas de papelão para que fizessem uma espécie de divisória no campo onde a criança dormia.

A Gestalt-terapia considera a criança como um sujeito cheio de campo. A forma como ela se comporta na sala revela muito desse campo. Como se trata de um campo holístico, a conversa com os responsáveis é uma tônica fundamental no trabalho com crianças. O campo dela inclui o terapeuta e todos os ambientes relacionais em que está inserida (escola, vizinhança, parentes, família, clube, igreja, amigos, academia etc.). A forma como a criança vive os ajustamentos criativos na sala de terapia reflete o modo como vivencia o contato em outros campos.

CONSIDERAÇÕES FINAIS

Como se pôde perceber, fenomenologia, teoria de campo e dialogicidade encontram-se fundidas na prática para dar conta do ato de conhecer. Didaticamente, ao nível da condição dialógica, conheço na relação; em termos fenomenológicos, descrevo o conhecimento presentificando os dados imediatos de minha consciência e de como a criança emerge para mim no campo vivido. Da mesma forma, facilito a sua percepção das intencionalidades de seus comportamentos e os sentidos que dá à relação e ao campo vivido. Reconheço que o endereçamento do Tu da criança é um presente sem as malícias da manipulação do adulto. Se não estiver pronto para respondê-la endereçando-lhe meu Tu, estarei desqualificando a intencionalidade do seu conhecimento naquele contato. Uma das diferenças que percebo entre o trabalho com adulto e com crianças é que com o adulto tenho que administrar melhor o impacto de minha presença (dialogicidade) e trabalhar mais com a metodologia de *awareness*. Já com a criança, tenho de administrar melhor o impacto da metodologia da *awareness* e disponibilizar mais minha presença e espontaneidade. Isto é, nem sempre o adulto está pronto para receber minha espontaneidade. Da mesma forma, às vezes, a criança ainda não está pronta para receber determinadas pontuações lógicas que possam facilitar o seu dar-se conta.

O trabalho gestáltico requer um esvaziamento constante. Isto é, uma suspensão dinâmica do que se sabe para se abrir para o novo, para a novidade da criança. Sempre que algum supervisionando se queixa de algo como: "Estou com dificuldade com tal criança, pois ela não traz nada de novo!", eu pergunto: "E você, o que tem levado de novo para a sessão com ela?" O terapeuta deve estar comprometido com o novo para possibilitar alimento, mudança e crescimento na relação. Compromisso com o novo requer arriscar e incrementar possibilidades de experimentação constante de acordo com o campo de vivências entre terapeuta, criança e responsáveis. Um terapeuta descomprometido com o novo geralmente vai pensar que a resistência é da criança.

O envolvimento é fundamental na prática clínica. Se a criança não impacta o terapeuta, deve ser porque ele está vendo-a apenas como um caso clínico. Foi-se o tempo da neutralidade científica! Marcelo D2 canta a música "Eu e meu filho" com seu filho Stephan. Marcelo diz: "Eu me desenvolvo e evoluo com meu filho". Stephan responde: "Eu me desenvolvo e evoluo com meu pai". Quando o terapeuta não se desenvolve e evolui com a criança, pode ser que exista algo ainda "não *aware*" no campo terapêutico.

O sofrimento infantil pode ser considerado uma reação organísmica da criança aos tipos de "alimentos" oferecidos pelo ambiente que se mostram de difícil digestão. Aquelas crianças que – no sentido estrito da alimentação – não comem, podem estar demonstrando que o ambiente é intragável ou difícil de ingerir. De tudo o que foi dito, penso que fica a questão: que tipo de qualidade de ideias, comportamentos e valores são levados como "alimento" para a nossa relação com crianças?

REFERÊNCIAS BIBLIOGRÁFICAS

BUBER, Martin. *Eu e tu*. 8. ed. São Paulo: Cortez & Moraes, 2004.

CORAZZA, Sandra M. *História da infantilidade: a-vida-a-morte e mais-valia de uma infância sem fim*. 1998. Tese (Doutorado em Educação) – UFRGS/PPGEdu, Porto Alegre, 1998.

MERLEAU-PONTY, M. *Phénoménologie de la perception*. Paris: Éditions Gallimard, 1966.

______. *Psicologia e pedagogia da criança*. São Paulo: Martins Fontes, 2006.

Lewin, K. *Princípios de psicologia topológica*. São Paulo: Cultrix, 1973.

Oaklander, V. *Descobrindo crianças*. São Paulo: Summus, 1980.

Penna, A. G. *Introdução à epistemologia*. Rio de Janeiro: Imago, 2000.

Perls, F. S. *Escarafunchando Fritz*: *dentro e fora da lata do lixo*. São Paulo: Summus, 1979.

______. *Gestalt-terapia explicada*. São Paulo: Summus, 1983.

______. *Ego, fome e agressão*: *uma revisão da teoria e do método de Freud*. São Paulo: Summus, 2002.

Perls, F.; Hefferline, R.; Goodman, P. *Gestalt-terapia*. São Paulo: Summus, 1997.

Polster, E.; Polster, M. *Gestalt-terapia integrada*. Belo Horizonte: Interlivros, 1979.

Yontef, G. M. *Processo, diálogo e awareness*: ensaios em Gestalt-terapia. São Paulo: Summus, 1998.

3 UM CAMINHO TERAPÊUTICO NA CLÍNICA GESTÁLTICA COM CRIANÇAS

SHEILA ANTONY

Meu processo de compreender como aplicar a Gestalt-terapia no atendimento psicológico à criança entrelaça os caminhos da minha formação teórica a minha longa experiência profissional em um centro de atendimento a crianças e adolescentes do serviço público e o meu amadurecimento pessoal. A conjunção de todas essas experiências me possibilitou criar um estilo particular de integrar teoria e prática, cuja linha de ação é: contato, consciência, corpo – o *tríplice c*. Venho acrescentando o corpo como objeto de intervenção no trabalho com crianças por se tratar de uma parte essencial do desenvolvimento cognitivo e da formação da personalidade. A criança em desenvolvimento, ao vivenciar seu corpo no ato da exploração dos próprios movimentos e do ambiente, toma consciência do seu eu, de outros corpos, de objetos, de conceitos e de diversos outros fenômenos mundanos. Usando esse caminho terapêutico, no qual abordo esses três domínios, consegui descobrir o que e como fazer para tratar psicologicamente uma criança e devolver-lhe o equilíbrio emocional.

Além desse enfoque no *tríplice c*, que envolve momentos de fortalecimento e definição do eu, trabalhamos com a energia agressiva e de autonutrição, rumo ao despertar da consciência da criança e dos pais para a visão todo-parte que rege o existir humano, em que o comportamento problemático é apenas uma manifestação daquilo que constitui o todo que a criança é e revela aspectos (saudáveis e não saudáveis) da totalidade da dinâmica familiar. Olhar a criança por um único foco reduz o imenso potencial a que ela está destinada a vir a ter. Quando uma mãe só enxerga o filho como desastrado, preguiçoso ou agressivo, está limitando a existência da criança a uma face ou polaridade negativa, deixando de lado suas diversas possibilidades, qualidades e seus dons inatos. Muitas crianças chegam ao consultório tendo consciência apenas daquilo que desagrada aos pais, acreditando que são somente aquela parte específica pela qual são criticadas, de sorte que tomam o todo pela parte.

Na condução do processo terapêutico, sigo também os princípios da relação dialógica para embasar a minha postura diante da criança e de seus pais. Na terapia de base dialógica, a relação terapêutica é a pedra angular sobre a qual o terapeuta se ancora para a resolução dos conflitos psicológicos vividos pela criança. A atitude dialógica requer que o terapeuta esteja totalmente presente ao encontro, aberto ao contato de forma cuidadosa e respeitosa com a individualidade da criança e dos pais, intencionando uma relação horizontal de pessoa a pessoa, na qual não há exercício de poder nem imposição do seu saber sobre a percepção interna e externa da criança. A abordagem dialógica facilita o contato e favorece a criação do vínculo, ambos imprescindíveis para o engajamento da criança e dos pais no trabalho terapêutico.

Partindo dessa concepção existencialista, fazer psicoterapia em base gestáltica é, portanto, um estar com o outro. John Stevens (1977, p. 14) pontua esta noção ao afirmar: "Gestalt é algo que se faz *com* os outros e não *para* os outros". Por isso, dizemos "Gestalt-terapia *com* crianças". Ser psicoterapeuta de crianças, então, requer um envolvimento ativo e autêntico, em que o gestaltista valoriza a comunicação genuína entre ele e a criança, honra o modo de ser e as resistências dela e se reconhece como um valioso instrumento na condução do processo terapêutico. O terapeuta gestáltico, ao recorrer às técnicas e experimentos, não pode ser invasivo nem diretivo em demasia. Deve respeitar o ritmo, o fluir, a espontaneidade e a singularidade da criança – que, em seu movimento de autorregulação, manifesta uma dinâmica psicológica própria que organiza a escolha dos brinquedos, jogos e/ou atividades durante a sessão. A sua presença consciente, confirmadora e verdadeira propicia a construção de uma relação sólida baseada na segurança e na confiança mútuas. Nada acontece em terapia sem uma boa relação. E não há uma boa relação sem um bom contato.

A NOÇÃO DE SAÚDE

Saúde é viver experimentando e integrando todas as possíveis formas de manifestação do nosso ser. É um movimento constante de busca de novidades nutritivas no campo organismo/ambiente. A criança saudável nasce com capacidade de usar plenamente seus sentidos, seu corpo, sua expressão emocional e seu intelecto por já ter à disposição um sistema de contato (o *self*) que lhe possibilita clamar pela satisfação de suas necessidades e reagir aos apelos ambientais.

O caminho do desenvolvimento sadio requer que os pais permitam à criança experimentar o mundo e o próprio corpo, deixando-a guiar-se pela fé na sabedoria do seu organismo, o qual é movido pela excitação e percepção interna/ambiental. O ser saudável cresce tornando-se capaz de reconhecer suas necessidades originais por meio do processo interno de autorregulação e de satisfazê-las interagindo com o ambiente, de maneira ativa e criativa. Identificar a necessidade primária significa saber quando se está com fome, frio, medo, raiva ou qualquer outra reação organísmica que solicite uma ação em direção ao objeto de sua satisfação, a fim de evitar danos a si e prejuízo nas relações pessoais.

A criança sadia desenvolve a capacidade de lidar com ansiedade e tensão, tendo bom nível de tolerância às frustrações. É capaz de sentir amor e respeito pelo outro, preocupar-se com alguém, realizar condutas de reparação e ainda ter prazer em assumir responsabilidades e compromissos. Essa criança descobre-se confiante em estabelecer um contato harmonioso com o outro por perceber-se segura em sua habilidade de reagir às demandas ambientais com ações criativas adaptadoras.

Em seu processo de crescimento, contudo, a criança depara com variadas situações de tensão nas quais não quer arriscar – a raiva, o abandono, a punição ou a rejeição dos pais – e assim faz uso de recursos defensivos psíquicos e comportamentais para evitar a perda do amor e da relação com as pessoas significativas de sua vida. Na luta pelo amor e pela aprovação dos pais e, simultaneamente, pela manutenção de seu funcionamento harmonioso, tende a querer livrar-se de sentimentos dolorosos e angustiantes provenientes do seu mundo de relações, sepultando tais sentimentos por meio de processos de interrupção do contato que visam à autorregulação. Ao perceber que não é seguro expressar raiva em um ambiente familiar violento, aprende a tensionar o pescoço, a cerrar os dentes ou a puxar o próprio cabelo, retornando para si a raiva que deveria ser dirigida ao outro temido e contendo corporalmente seus impulsos, o que constitui o ajustamento defensivo da retroflexão. Ou, ainda, pode rir e manter um ar distraído, utilizando-se da deflexão como mecanismo para evitar o contato com situações de conflito e tensão.

Os sintomas surgem como tentativas de ajustamentos criativos (comportamentos, gestos, pensamentos, tensões corporais) para neutralizar a angústia, sinalizando que uma necessidade importante não está satisfeita e, por consequência, uma Gestalt está aberta. O adoecer representa uma forma de autorregulação que revela uma personalidade que usa recursos psíquicos singulares para enfrentar o sofrimento, a dor, a tensão. Em muitos casos, a criança pode desenvolver formas de mutilação e alienação de aspectos de si mesma para se proteger e conservar o amor parental.

Em Gestalt-terapia, a psicopatologia é relacional, fruto de uma perturbação em dada relação significativa. A doença resulta de um distúrbio no campo, em algo que rompe a unidade criança-outro-ambiente, tendo origem no "entre" a criança e os diversos outros "eus" que fazem parte do seu mundo. A criança adoecida mostra uma fixação por um padrão de percepção, pensamento, sentimento que impede novas figuras de emergirem para produzir novas experiências, enrijece a ação criativa e inibe o seu modo original de ser. Uma criança que sofre de angústia de separação (que teme ficar afastada da mãe) tem um sistema de crenças distorcido e fixado sobre si, o outro e o mundo; constrói também ideias negativas de que o mundo é violento e hostil; acredita ser frágil e indefesa para enfrentar certas circunstâncias da vida que exigem uma conduta de oposição e de agressividade diante de um outro poderoso que a domina e aterroriza. Desse modo, inibe a expressão de suas potencialidades introjetando os valores e crenças, dados pelos pais, de que não pode ofender ou agredir os outros e que os outros não são confiáveis, mas sim ameaçadores. Os distúrbios psicológicos e comportamentais da criança geralmente advêm dos dramas e tragédias infantis não resolvidos dos pais que são projetados na criança.

O CAMINHO TERAPÊUTICO

A Gestalt-terapia é considerada uma terapia centrada no processo por ser baseada no método fenomenológico – que é orientado para o *que*, o *como* e o *para que* do comportamento (saudável e não saudável) manifestado no aqui e agora da situação terapêutica. Com essa concepção, o terapeuta ocupa-se mais com o funcionamento e a dinâmica da criança, observando o modo como ela expressa ideias, pensamentos, sentimentos e relaciona-se em seus diversos campos existenciais, em vez de procurar as causas da formação dos comportamentos problemáticos. É, portanto, uma abordagem mais compreensiva do que explicativa, uma vez que sua metodologia é a observação e a descrição do fenômeno vivido na experiência.

O diagnóstico é visto como um processo que visa conhecer, compreender, identificar, *des-cobrir*, explicitar o modo de existência da criança na sua interação com o mundo (escola, vizinhança, família) e com o outro. O processo diagnóstico objetiva apreender a totalidade significativa formada pela unidade criança-outro-mundo, cujas partes se articulam e influenciam ininterruptamente, dando significado ao distúrbio emocional apresentado. Nesse sentido, ao psicodiagnosticar o terapeuta deve ir além da identificação dos sintomas, visando encontrar o sentido da patologia e das vivências relacionais subjetivas da criança em sofrimento emocional. Wheeler (McConville e Wheeler, 2002) enfatiza que a perspectiva gestáltica de campo fenomenológico norteia a ação do terapeuta para construir uma compreensão da criança considerando o campo da infância que abraça os diversos contextos socioambientais em que viveu e vive.

Assim, o gestaltista desenvolve um olhar atento à experiência do brincar, despojado da intenção de interpretar o fenômeno que vê. Está interessado em descrever e explorar aquilo que é observado no ambiente terapêutico, de modo que a própria criança venha a dar significado às vivências experimentadas. Com crianças, a experiência é a via da consciência.

A criança e o terapeuta então iniciam uma jornada em que cada fenômeno emocional que acontece no campo terapêutico é resultante da corregulação e da cocriação oriundas do processo de intersubjetividade vivido. A terapia é conduzida visando oferecer múltiplas possibilidades de experiências e experimentos, a fim de trazer à consciência a intenção de suas condutas inadequadas, seus medos, ansiedades, conflitos que surgem de necessidades insatisfeitas e situações emocionais não resolvidas.

CORPO

"Toda emoção tem uma conexão com o corpo" (Oaklander, 2006, p. 91), pois toda emoção tem um correspondente sensorial. O corpo é a sede de nossas sensações e excitações. Segundo Perls (1981, p. 37):

> as emoções são a própria linguagem do organismo; modificam a excitação básica de acordo com a situação que é encontrada. A excitação é transformada em emoções específicas e as emoções são transformadas em ações sensoriais e motoras.

Assim, toda ação está sob influência de uma emoção e, portanto, o ser humano tem seu comportamento e sua vida motivados pela emoção.

Corpo-emocionalidade-ambiente formam uma unidade subjetiva de grande importância no desenvolvimento psicológico da criança por manterem entre si uma constante força de influência mútua. O corpo em ação no ambiente é fonte de conhecimento, consciência e expressão de emoções e pensamentos. Ao vivenciar o próprio corpo, a criança situa-se em relação ao espaço, aos objetos, ao outro e a si mesma, construindo a noção de espaço (perto, longe; em cima, embaixo) e de tempo (amanhã, ontem; antes, depois), com base no movimento e nas experiências internas em conexão com os eventos externos. Alves (2003, pp. 79-80) explica que:

> orientar-se no espaço é ver-se e ver as coisas no espaço, em relação a si próprio [...] ao perceber o tempo vivido ela irá adquirir condições de dominar determinados conceitos como ontem, hoje, amanhã, dias da semana...

Corpo e espaço criam o domínio corporal que influencia o senso de competência e autoconfiança da criança. É esse vínculo entre cada parte do todo corpo-ação-ambiente-emoção que cria o conhecimento e a consciência de si no mundo. O corpo, portanto, revela uma criança, suas emoções e sua organização psíquica.

O processo de constituição da subjetividade passa primeiro pela vivência do eu corporal ("eu tenho um corpo"), antes de chegar à experiência do eu-sujeito ("eu sou um corpo"). O eu-corpo nasce das sensações internas e da superfície do corpo (pele) em contato com o mundo e o outro. O eu-sujeito surge com o "eu me penso e eu me sinto", quando a criança pensa seu corpo e toma consciência do sentimento que seu corpo suscita em si e no outro. Tudo que percebe, escuta, vê, sente (quer seja positivo ou negativo) referente ao seu corpo, associa ao seu eu. Uma criança ruiva, chamada com frequência de "cabelo de fogo" por seus pares (e por seus irmãos), tomou os seus cabelos como representante do seu corpo total e fixou a percepção de si, passando a relacionar-se apenas com essa parte do corpo, tida como feia. Acreditava que tal parte fosse um defeito que lhe causava constrangimento, e veio a introjetar tal crença, que interferiu negativamente na formação de uma autoestima saudável. A criança reage a xingamentos ou desqualificações físicas com tensões em certos locais do corpo e até com dores físicas que influenciam sua postura, seu andar e até sua respiração.

Desde cedo, a criança constrói padrões corporais resultantes de tensões localizadas, respiração presa, juízos críticos que indicam conflitos entre suas emoções/sensações e o ambiente externo. Crianças com problemas emocionais e de comportamento inibem a expressão do corpo ou usam-no de forma inadequada. Algumas se desconectam do corpo e dos sentidos, recorrendo à retroflexão – para conter as emoções – e à dessensibilização – diminuição ou perda sensorial – como defesa, principalmente as molestadas sexualmente e as deprimidas. Outras usam a deflexão (chutam, batem, agem evasiva e/ou distraidamente) para fugir do contato com a situação real provocadora de tensão.

É importante, pois, que o terapeuta realize intervenções ou crie objetivos voltados para os seguintes aspectos:

- **ESTIMULAR OS SENTIDOS (AS FUNÇÕES DO CONTATO).** Propiciar experimentos sensoriais que mobilizem o tato, os ouvidos, o paladar, o olfato, a pele, a fim de mobilizar emoções e resgatar a conexão com o corpo. Há inúmeros recursos e materiais terapêuticos – como a argila, a massinha e a água – para despertar os sentidos da criança contida. A argila é extraordinária para mobilizar sensações e emoções primitivas. Ter conhecimento da técnica do uso da argila é importante; mesmo quando se oferece a argila para uma manipulação espontânea da criança, sem um fim específico, pode acontecer um fenômeno curador inesperado. Desenhar ouvindo música, usar sons de elementos da natureza (ou de animais) e utilizar certos instrumentos musicais para mobilizar sentimentos e suas tonalidades afetivas são outros recursos terapêuticos que trabalham e estimulam os sentidos. As crianças também se sentem muito estimuladas ao pintar com os dedos das mãos e dos pés. Experimentos com sensações são muito eficazes com crianças deprimidas e fóbicas.

- **INTEGRAR O EU-CORPO.** Oferecer atividades físico-corporais que ajudem na exploração do corpo e das emoções associadas. É importante permitir que a criança exagere os movimentos a fim de ganhar domínio, poder e controle sobre o próprio corpo. Um corpo forte e hábil fortalece o senso de eu. A atividade de mímica (de situações cotidianas, animais, elementos da natureza, esportes etc.) ajuda a criança a conhecer o corpo e a explorá-lo, dominá-lo e entrar em contato com ele. Pode-se utilizar bolas (de diversos tamanhos) para melhorar a coordenação motora. A dança com movimentos espontâneos também é um maravilhoso recurso (se o terapeuta sentir-se à vontade para participar com a criança dessa atividade). Também jogos (amarelinha, *twister*) e exercícios lúdicos de respiração e relaxamento com fantasia dirigida servem para desenvolver o contato corporal e a atenção (especialmente no caso de crianças hiperativas e ansiosas).

- **FACILITAR A EXPRESSÃO EMOCIONAL.** Ajudar a criança a reconhecer sentimentos/emoções e identificar as partes do corpo em que estes se "localizam", a fim de facilitar a expressão dos sentimentos bloqueados que interferem no contato saudável. O terapeuta pode conversar sobre certas emoções/sentimentos (raiva, ciúme, medo, tristeza) para descobrir, junto com a criança, formas adequadas de expressar o que sente. Fantoches, argila, desenho, caixa de areia, histórias, fantasias dirigidas e dramatizações são instrumentos expressivos valiosos para descobrir e comunicar sentimentos profundos guardados. A expressão emocional revela projeções significativas que evocam sentimentos temidos, ocultos no corpo da criança. A criança necessita aprender a expressar o que sente e deseja, e precisa fazê-la de forma consciente, para não ter de inventar ajustamentos comportamentais que mascaram a sua necessidade original e o seu funcionamento espontâneo.

Tervo (2002) afirma que, para trabalhar corporalmente com a criança ou o adolescente, o terapeuta precisa habitar o próprio corpo a fim de ser capaz de perceber e sentir sensorial e emocionalmente a experiência e o movimento. O terapeuta é uma parte significativa no campo terapêutico; sua presença consciente favorece a expressão espontânea da criança e a conscientização de sua estrutura físico-corporal, de sua respiração, de seu modo de se movimentar e explorar o ambiente.

CONTATO

A criança tende a organizar suas experiências em uma unidade de percepção, sensação, ação e interação que constitui um ciclo de formação de Gestalt e de contato. Contato representa o processo de estar consciente ao modo como estou presente e me relaciono com o mundo e os outros, com o intuito de satisfazer a minha necessidade interna mais importante que surge no aqui e agora de uma situação. Laura Perls (1994, p. 134) define contato como um "fenômeno que tem lugar no limite entre o organismo e o seu ambiente. Supõe reconhecer e fazer frente ao outro, ao que não é eu, ao que é diferente, estranho". Implica, pois, um processo psíquico e/ou comportamental de identificação e alienação, aproximação e evasão, união e separação em que o indivíduo é capaz de escolher conscientemente as pessoas ou os objetos do campo que podem ser nutritivos e rejeitar aqueles que podem ser tóxicos.

Contato, portanto, não é toda e qualquer interação. Significa presença consciente do meu eu-no-mundo-com-o-outro. Posso interagir com alguém, manter uma conversa amistosa sem, no entanto, prestar atenção na pessoa e no que ela diz. A criança, quando está brincando com algo de que gosta, envolve-se totalmente no ato criativo do brincar – deseja explorar, descobrir, conhecer o objeto –, mostrando assim uma tendência natural e espontânea de entrar em contato com as coisas do mundo. Por outro lado, uma criança que só quer brincar sozinha, que não consegue compartilhar com o outro, está sinalizando uma resistência ao contato. Pode ter uma percepção fixada do outro como alguém ameaçador e, por isso, evita a aproximação, desejando manter o distanciamento que lhe garante o equilíbrio emocional.

Toda experiência afetivo-emocional acontece no encontro do eu com outro eu, sendo a fronteira do contato o lugar dos fatos e conflitos psicológicos. Situações repetitivas nas quais ocorrem tensão e angústia distorcem ou bloqueiam o contato e causam desajustamento comportamental e emocional. Doença significa bloqueios do contato e/ou perturbações da autorregulação originadas por recursos psicológicos defensivos que visam inibir a consciência de sentimentos, pensamentos, necessidades e comportamentos que geram ansiedade e colocam em risco a relação com as pessoas significativas (Antony, 2006). Esses recursos formam dinâmicas internas e relacionais cujos padrões de comportamento fixados bloqueiam o desabrochar pleno do potencial psicoemocional da criança. Na literatura gestáltica, existem oito mecanismos de defesa ou de bloqueio do contato que descrevem o funcionamento psicológico do indivíduo: dessensibilização, deflexão, introjeção, projeção, proflexão, retroflexão, egotismo, confluência. Ribeiro (1997), contudo, inclui mais um bloqueio do contato em seu ciclo: a fixação.

No processo terapêutico, o terapeuta deve estar plenamente presente, com todos os seus sentidos, no momento do encontro; deve estar aberto à manifestação das peculiaridades pessoais e das diferenças entre ele e a criança para promover o contato. Quando a criança tem dificuldade de fazer contato, o foco da terapia consiste em desenvolver a habilidade de entrar em contato com o outro e sustentar tal contato. O contato deve ser observado e trabalhado em cada sessão. O contato saudável envolve a capacidade de intimidade e de retraimento. Algumas crianças não querem parar de brincar, lutam contra o sono e não aceitam o fim do horário da terapia, demonstrando dificuldade de interromper a excitação e se retirar do contato. Outras temem o encontro, o compartilhamento da intimidade, mantendo-se isoladas como forma de defesa.

Dentre os mecanismos de bloqueio do contato apresentados, tratarei apenas da introjeção, que considero o processo básico de constituição da subjetividade e de formação de patologias, tornando-se fundamental explorá-lo no processo terapêutico.

INTROJEÇÃO

A introjeção é o processo primário de internalização de crenças, valores e pensamentos transmitidos pelos pais, pela cultura e por outros ambientes significativos nos quais a criança vive. Pode interferir no desenvolvimento psicoemocional saudável e, se mal administrada, provocar distúrbios emocionais, produzindo uma inautenticidade do eu. A introjeção é uma mensagem que ouvimos sobre nós mesmos ou uma ordem que recebemos de nossos pais, desde criança, e "engolimos" sem assimilar. A criança inicialmente não tem consciência reflexiva desenvolvida que lhe dê a capacidade de digerir, significar, elaborar conceitos, normas, valores e imposições parentais. Ela tende a não questionar ou discriminar a validade dessas mensagens; não tem a habilidade cognitiva de pensar: "Isso não tem a ver comigo, isso não combina comigo ou isso tem a ver comigo".

Os introjetos carregam um *deveria* junto de um *não deveria*, ambos associados a expectativas trágicas (ameaças de punição, perda do amor, abandono) por ter desobedecido, desagradado, revelado uma vontade e até recusado certos alimentos. A força principal que sustenta um introjeto é: "Você deve ser assim e você não deve ser assim". Essas mensagens negativas geram um conflito entre as partes originais e as vozes introjetadas. Quanto mais ameaçadores e catastróficos os introjetos, mais aquilo que é original da criança é contido e projetado para fora, levando-a a uma falsa identificação, a uma perda da capacidade de se autorregular e de discriminar a necessidade primordial. A criança com dinâmica introjetora torna-se incapaz de distinguir aquilo que lhe é próprio e nutritivo, o que resulta numa percepção distorcida, diminuída, confusa da realidade e de si mesma que termina por fragmentar a sua personalidade, alienar ou mesmo mutilar aspectos desta. Às vezes, até mensagens positivas são prejudiciais: "Você é a menina mais bonita do mundo". "Você tem de ser boa com todo mundo". Tais valores podem criar respectivamente um funcionamento narcisista e um modo altruísta de ser, sendo que o primeiro só pensa em si e o segundo só pensa no outro.

Cada experiência introjetada contém um dilema de contato, que revela uma Gestalt aberta, com necessidades afetivas não satisfeitas e sentimentos não expressos. É fundamental que o terapeuta identifique os introjetos básicos que sustentam os núcleos conflitivos da criança, levando-a a reconhecer as crenças negativas, aceitá-las e integrá-las à sua personalidade por meio do trabalho de autonutrição.

AUTONUTRIÇÃO

A essência da autonutrição é tornar a criança capaz de autovalorizar-se, redescobrir suas qualidades escondidas, aprender a cuidar de si (ter interesse nas atividades de higiene para cuidar do próprio corpo, estar atenta à saúde, saber brincar e ficar sozinha) e aceitar-se como é, com seus supostos defeitos e potencialidades. Ao autonutrir-se, a criança passa a respeitar-se (mesmo que continue a não gostar de certos aspectos de si), fortalecendo o seu senso de eu, o qual lhe dará suporte para superar medos e acontecimentos negativos vividos. Se a criança não aprende a autonutrir-se, ficará a vida toda esperando que os outros lhe deem aquilo que ela não é capaz de se dar.

O trabalho de autonutrição consiste, inicialmente, em ajudar a criança a identificar e aceitar as partes de si de que não gosta por causa das introjeções. O terapeuta procura "limpar" as introjeções carregadas de mensagens negativas que criam um autoconceito depreciativo e inibem aspectos genuínos de si mesma, fragmentando sua personalidade. O passo final é a integração das partes negadas e projetadas de si mesma com as qualidades ocultas que formam a sua personalidade total. Ao integrar, a criança aprende a não julgar depreciativamente aquilo que desenvolveu como defesa para ser amada e manter o equilíbrio funcional do meio social e familiar em que convive. Oaklander (2006, p. 43) pontua que, "mesmo quando os pais mudam sua maneira de se relacionar e se comunicar com a criança, ela conserva seu sistema de falsas crenças sobre si que frequentemente fica no fundo pronto a emergir em momentos de tensão e pressão".

A criança que carrega introjetos tóxicos faz uso da autocondenação e autorreprovação mais do que os próprios pais. Pode dizer a si mesma: "Eu deveria ser um filho melhor", mas não consegue ter condutas diferentes, pois está além de sua capacidade e poder de reação e transformação. O desejo de ser melhor e não conseguir comportar-se assim aumenta o seu desespero, o que a faz continuar com os comportamentos inadequados.

A Gestalt-terapia adota a teoria paradoxal da mudança de Beisser (1980, p. 110), que enuncia: "A mudança ocorre quando a pessoa se torna o que é, não quando tenta converter-se no que não é". Essa teoria incentiva o terapeuta a realizar intervenções que promovam a expressão autêntica da criança e a consequente aceitação de aspectos inibidos da personalidade. Daí a importância de oferecer experiências terapêuticas de autonutrição para fortalecer o senso de identidade, desenvolver o autossuporte emocional e dar novo significado às crenças introjetadas.

Eis os passos que sigo no trabalho de autonutrição: listar nomes e palavras de que a criança não gosta (e que a ofendem), coisas que mais detesta em si, coisas que os pais exigem que seja e faça, mas que lhe desagradam. Em seguida, o terapeuta orienta-a a:

1. escolher um objeto, fantoche ou boneco (ou desenhar um monstro) que represente essa parte negativa;
2. ser esse objeto, descrever-se, criticar-se para expressar a raiva retrofletida;
3. escolher outro fantoche ou objeto que represente o lado bom para dialogar com a parte rejeitada;
4. nutrir a parte negativa, reconhecendo seu valor positivo por ter sido a melhor forma que encontrou de lutar por sua estabilidade emocional.

É importante incluir o trabalho com polaridades para promover a integração das partes fragmentadas e complementares da personalidade (forte e fraco, bom e mau, corajosa e medrosa), a fim de ajudar a criança a se tornar "mais inteira" ao aceitar as múltiplas possibilidades de manifestação do seu eu.

TOMAR POSSE DA ENERGIA AGRESSIVA

A agressão é vista, na teoria da Gestalt, como um processo positivo e necessário para o desenvolvimento e crescimento saudável da criança, uma vez que é essencial para a discriminação e identificação de objetos nutritivos e/ou tóxicos no ambiente. Ela é responsável pelo processo mental de receber, engolir, desestruturar e assimilar objetos, alimentos e valores do meio, compatíveis com a sua personalidade. Implica ir em direção a ou atacar um objeto para incorporá-lo ao organismo, de modo que ele venha a servir de alimento psicológico. Assim, trata-se de uma energia emocional que demanda uma ação que, ao ser exteriorizada, dá à criança um senso de poder e força que ela sustente a expressão de sentimentos e pensamentos importantes que são o fundo de suas condutas inadequadas e de seus comportamentos defensivos.

A raiva é um dos sentimentos mais temidos e proibidos. No entanto, como qualquer outra emoção, é uma forma de expressão do eu. Geralmente, está associada às manifestações agressivas que causam dor, danos físicos e emocionais aos outros. Compreendi ao longo de minha experiência clínica que o comportamento agressivo expõe uma necessidade de opor-se, de confrontar uma ideia, um valor ou um juízo, servindo como tentativa de autopreservação, autoproteção, autoafirmação e delimitação de fronteiras. Em muitas situações, a agressão oculta o desejo de amor, igualdade e justiça, revelando uma criança frustrada. À medida que a criança guarda a raiva, esta assume diversas faces, como mágoa, tristeza, tédio, irritação. A criança perturbada com essa energia pode apresentar três tipos de bloqueio do contato: 1) *retroflexão* – bloqueio da expressão do impulso (ex: timidez, medo, retração); 2) *deflexão* – fuga do contato com a emoção real, exteriorizado por meio de brigas, lutas, tagarelices, distração (ex: agressividade, agitação, desatenção); 3) *projeção* – a criança atribui aos outros a responsabilidade por seus atos ao ver os colegas como agressivos, o professor como hostil, o mundo como inimigo, o irmão como invejoso.

O terapeuta, em suas intervenções, deve conversar sobre a raiva, buscar localizá-la no corpo da criança, focalizar a fonte dessa raiva, ensinar a criança se avaliar quando está com raiva e, principalmente, descobrir junto com ela opções de respostas novas e satisfatórias para evitar que ela receba punição e sofra danos em suas interações.

Quando a criança é capaz de expressar a raiva sem causar danos ao outro, fortalece o senso de eu. Em atividades lúdicas que promovam o contato físico, é essencial estabelecer regras e limites claros para não haver "mortos e feridos", evitando que a criança sinta-se mal por ver-se sem controle do seu ímpeto agressivo. As brincadeiras podem ser: luta de espada (sendo proibido bater na cabeça e na frente do corpo); fantoches ou bonecos de animais selvagens que dialoguem ou vivenciem uma situação de conflito; modelagem de materiais como a argila, que é um poderoso instrumento de descarga de tensão e raiva; dramatização de diálogo entre as polaridades conflitivas (bom/mau, agressivo/amoroso, alegre/triste).

A criança tímida e a deprimida necessitam vivenciar experiências com a energia agressiva, pois tendem a sentir-se impotentes diante do mundo por retrofletirem a raiva e os impulsos mobilizadores de uma ação que as ajuda a confrontar as imposições externas. O caminho terapêutico é possibilitar a vivência de novas habilidades e o exercício do poder nas interações.

CONSCIÊNCIA

Consciência é um dos conceitos pilares da Gestalt-terapia; embasa a compreensão do desenvolvimento humano como um processo contínuo de expansão crescente da *awareness*, de elaboração e assimilação do novo, de aquisição de habilidades, de constituição e transformação do eu, e ocorre com base no fluxo constante de interação entre as potencialidades, as necessidades da criança e as condições ambientais.

O desenvolvimento da consciência representa a capacidade de elaborar cada vez mais os significados e sentidos da presença no mundo-com-o-outro e com os objetos mundanos. A criança, à medida que amadurece, torna-se capaz de refletir sobre os próprios atos, escolhas, conceitos, desejos e tudo aquilo que faz parte do universo psíquico humano. A consciência dá significação e organização à existência. A criança cresce ampliando a consciência do corpo que tem e que é para si e para o outro, a consciência das suas competências motoras e cognitivas, das suas limitações corporais, emocionais, intelectuais e sociais. Em cada idade, surgem diferentes conflitos e angústias relacionadas com a imagem e o domínio corporal, com o processo de individuação/subjetivação e de independência emocional.

Conduzo o processo terapêutico seguindo um dos princípios de Laura Perls (1994, p. 132): "O objetivo da Gestalt-terapia é criar o *continuum* da *awareness*, o processo de formação continuada e livre de Gestalt [...]". Em cada sessão temos de dar à criança a oportunidade de experienciar situações, brinquedos, jogos, experimentos que favoreçam *insights* de aspectos de si, de seu comportamento, do funcionamento da família, de seus processos pessoais de interrupção do contato, com o intuito de desfazer as *Gestalten* fixadas. Quanto mais clareza a criança tem de suas defesas, ansiedades, conflitos e medos, mais confiança, mais segurança, maior a capacidade de aceitar a expressão autêntica de si mesma. É por meio das experiências vividas na situação terapêutica que a consciência emerge, a mudança acontece e a criança caminha em direção à cura emocional, entendida como um processo de ressignificação, transformação e cicatrização das experiências dolorosas.

A atenção do terapeuta, no curso do trabalho psicoterapêutico, deve estar orientada para o nível de consciência sensorial, afetiva, comportamental e cognitiva da criança diante de seus conflitos e de si mesma, levando em conta sempre a idade em que esta se encontra. A qualidade e o nível de consciência que ela tem do seu eu, do outro e de seus comportamentos indicará o caminho das intervenções do terapeuta sobre a necessidade de clarificação e definição de sua identidade.

CONHECER E DEFINIR O EU

A finalidade é ajudar a criança a construir e fortalecer o senso de eu por meio da expressão genuína de seu ser. Ao começar a conhecer-se, descobrir-se e definir a si mesma (por meio da exposição de seus desejos, vontades, necessidades, preferências), a criança toma posse da identidade, o que alimentará a força interior responsável pelo autossuporte. Esse processo demanda experiências com poder e domínio, envolve fazer escolhas, reconhecer seus talentos, apropriar-se de projeções, aprender a discriminar o eu, o outro e o ambiente, delimitando fronteiras.

O uso de experiências cognitivas ligadas ao pensar reflexivo (a ampliação da consciência sobre seus atos e sua autopercepção) é fundamental para integrar a criança e despertá-la para aspectos alheios a ela. Segundo Oaklander (2006, p. 62), "o objetivo dos trabalhos com o *self* é proporcionar uma noção maior da sua própria eficiência e habilidade para satisfazer as suas necessidades". Nesse sentido, experimentos com frases que iniciem com eu são importantes para trabalhar a autoafirmação e a assertividade. Isso pode ser feito por meio de leitura de livros com histórias que descrevam características de personalidade dos personagens e perguntar se a criança é como os personagens descritos. Podemos também: recorrer às sentenças de verdadeiro ou falso, às sentenças incompletas, trabalhar com a colagem de figuras que contenham itens com as quais a criança se identifique ou não; fazer listas "eu sou", "eu não sou"; "eu quero", "eu não quero", "eu gosto", "eu não gosto" ("sim, eu gosto de dança", "não, eu não gosto de ter aula de piano"), "eu penso assim", "eu não penso assim", que esclareçam cada vez mais as fronteiras entre a criança e o outro. O verdadeiro poder do eu emerge da descoberta de sua potencialidade e originalidade.

O ATENDIMENTO AOS PAIS

Uma das tarefas importantes do psicoterapeuta é incluir os pais no tratamento, para que a tríade psicoterapeuta-criança-pais funcione em harmonia e voltada para o bem-estar da criança. Como afirmam Lynch e Lynch (2005, p. 205), "o processo envolve a formação de um novo campo que inclui o terapeuta. O terapeuta é o portador da esperança". A psicoterapia com crianças depende muito do interesse do profissional e da afinidade entre este e os pais. Quando isso não acontece, os pais ou o terapeuta podem ser agentes de entrave do processo ou até de interrupção do atendimento. Há mães que disputam o amor exclusivo da criança com o terapeuta, sentindo-se ameaçadas quando o filho mostra alegria e prazer em ir à terapia. Outras desqualificam o valor do terapeuta e da psicoterapia ao confessar a sua descrença em psicólogos. Há pais que negam a existência de qualquer problema psicológico no filho. Cabe a nós, terapeutas de crianças, agir com conhecimento, sabedoria e simplicidade para conseguir o envolvimento dos pais e assim dar rumo ao trabalho de orientação e conscientização do significado do distúrbio emocional e/ou comportamental da criança no contexto familiar.

Segundo Aguiar (2005, p. 245), no atendimento aos pais ou responsáveis

> há quatro níveis diferenciados e complementares de intervenção: informação, orientação, sensibilização e facilitação da comunicação entre seus membros. Eles formam uma totalidade articulada e só possuem sentido como parte dessa totalidade.

Normalmente, quando chega à terapia, a criança representa uma *figura-sintoma-parte* que se destaca de um *fundo-família-todo* desorganizado e desarmonizado. Assim, na primeira sessão, atendo os pais com a criança para fomentar a relação horizontal, a fim de privilegiar a atitude humanista de igualdade entre criança, terapeuta e família. Todos são respeitados em suas percepções, todos devem estar conscientes da demanda de cada um, todos devem entender que fazem parte do problema que está ocorrendo e que são responsáveis, de certa maneira, por tudo aquilo que pode ser alcançado no processo terapêutico. Concordo com Patrícia Vidal (1994), psicóloga uruguaia, quando enfatiza que o sucesso do trabalho psicoterapêutico fundamenta-se no compromisso, na responsabilidade e na aceitação da necessidade de ajuda pelos pais e, principalmente, pela criança. Pais que não reconhecem que o filho tem um problema tendem a obstruir o processo de adesão da criança.

Entendo que esse primeiro encontro não pode ser destinado somente à anamnese, à apresentação dos termos do contrato e ao esclarecimento do funcionamento do processo terapêutico. Aproveito essa sessão já para explorar a queixa e o seu significado dentro do sistema familiar. Para isso, realizo intervenções buscando uma compreensão diagnóstica da dinâmica parental, da qualidade do contato e do funcionamento psicológico da criança. Ao atender a criança com os pais, procuro incluí-la no processo (faço a criança participar da entrevista com perguntas dirigidas a ela), a fim de desconstruir sua fantasia de que posso ser cúmplice de seus pais contra ela. Essa forma de atuação horizontal, mostrando imparcialidade, facilita a construção do vínculo de confiança logo na primeira sessão.

As sessões com a família são o momento do processo terapêutico em que podemos exercitar a comunicação autêntica, investigar o nível de confluência, os papéis designados e assumidos (as projeções), procurando articulações com as necessidades insatisfeitas, os introjetos (alguns mitos familiares), as mensagens implícitas e os bloqueios do contato representativos da dinâmica familiar e da criança. Em Gestalt-terapia, não há uma regra geral a ser obedecida quanto à frequência das sessões com os pais ou o grupo familiar. A regra básica é fluir com a criança, estar atento às suas necessidades e aos fenômenos emocionais que surgem no decorrer do processo vivido, de forma que os atendimentos aos pais sejam solicitados conforme o comportamento e a dinâmica atual da criança. Assim, os próximos encontros podem ser marcados tanto na terceira sessão como após a sexta ou a oitava. Pode ser com ou sem os pais; com ou sem os irmãos. Pode haver sessão da criança com a mãe sem o pai e vice-versa. O importante é envolver todos no tratamento.

Um dos objetivos no atendimento aos pais é dar-lhes a oportunidade de reviver a própria infância, a fim de reconectar-se com a sua criança ferida e abrir-se a um processo de crescimento pessoal. Alguns pais, principalmente mães, culpam-se pela desordem emocional da criança; outros fazem da criança um bode expiatório dos problemas da família ou do casal. O caminho da cura emocional é sensibilizar os pais para a dor e os conflitos da criança, bem como provocar um olhar que admire suas potencialidades e seus dons inatos escondidos. Também enfatizo que o(a) filho(a) é um ser em construção que está organizando uma personalidade; alguém que se encontra em uma jornada existencial única em direção à autorrealização. A criança saudável é um ser desejoso de descobrir as suas habilidades motoras, cognitivas, corporais, afetivas.

Os pais, por mais bem-intencionados que sejam, acabam por impedir o desenvolvimento pleno das potencialidades da criança, uma vez que tendem a transmitir-lhes seus valores pessoais e adaptá-la à cultura, com suas normas, crenças e valores desindividualizadores. Pais atentos preocupam-se em não cortar a expressão afetiva genuína, em não inibir o espírito criativo da criança. Winnicott (1983, p. 94) aborda a importância da educação voltada para a plenitude do humano ao dizer que "há mais que se ganhar do amor do que com a educação. Amor significa a totalidade do cuidado com a criança que favorece o processo maturativo. Isto inclui o ódio".

Educar, portanto, não é ensinar a conformidade, a sujeição aos valores do mundo, de modo que a criança venha a renunciar à sua individualidade por desejo de ganhar aprovação social e corresponder aos anseios de seus pais. Educar é estar continuamente alerta para despertar os atributos naturais da criança. É saber dar o devido reconhecimento à beleza de ser e existir. Os pais precisam ter a ousadia de incentivar a criança a assumir os desafios e as contradições inerentes à existência humana, mantendo sempre o respeito pela existência e a diferença alheias. Raros são os pais que ensinam que podemos ser muito mais que aquilo que pensamos ser.

FINAL DO PROCESSO TERAPÊUTICO

Encerra-se a terapia quando se percebe claramente que algo foi alcançado, transformado, concluído – fechou-se um ciclo de *Gestalten*. Terminar o processo terapêutico com uma criança não significa que esta se curou por completo de um comportamento problemático ou de um sintoma; não significa que não há mais nada a ser trabalhado. A criança é um ser em desenvolvimento e crescimento que continua a amadurecer, a transformar e expandir sua consciência; tal processo lhe impõe novos conflitos e impasses existenciais. A psicoterapia com crianças não tem uma conclusão. Pode ser que em algum novo período de sua vida ela necessite retomar alguma questão relacionada com seu corpo, suas relações sociais e afetivas, com os dramas familiares (irmãos, pais) vividos; talvez até surja algum problema de natureza cognitiva. O terapeuta precisa saber quando aquela

Gestalt fixada (centro de seus conflitos) foi ressignificada, quando abriu caminho para novas maneiras de ser, perceber, agir e estar-com-o-outro, e quando a ferida, a dor, o trauma foram cicatrizados.

Há alguns sinais importantes para a decisão de finalizar um processo terapêutico: a remissão dos sintomas iniciais; melhoras no comportamento, no relacionamento em casa e em outros ambientes; quando observamos o envolvimento da criança em outras atividades (a ponto de achar que a terapia está atrapalhando o seu dia a dia); quando ela faz novos amigos; quando age com independência, toma iniciativas e decisões sozinha, mostrando que adquiriu um conceito positivo de si e fortaleceu seu autossuporte. Por fim, é um sinal os pais falarem de mudanças em si mesmos e tratarem a criança de uma maneira nova e saudável.

É necessário preparar a criança para a alta, o que implica conversar sobre separação, perda, despedida, saudade, amizade; também é preciso preparar os pais para a alta da criança. Esta necessita estar consciente dos comportamentos inadequados que interrompem o contato saudável e não atendem suas necessidades reais. As intervenções finais devem levar a criança a relembrar sua evolução, a integrar e assimilar as mudanças ocorridas e apontar como ela se encontra agora em termos de comportamento, contato, autoconfiança e autossuporte.

Antes da sessão final, devemos ter a aceitação dos pais quanto à alta, checar a percepção atual que têm da criança e da própria dinâmica familiar, conceder orientações quanto às relações e aos comportamentos e, então, realizar a sessão de encerramento junto com a criança para que todos terminem com a sua *Gestalt* harmoniosamente fechada.

CONSIDERAÇÕES FINAIS

Trabalhar com crianças à luz da Gestalt-terapia coloca o terapeuta diante da totalidade existencial da criança que abarca um dos sistemas humanos mais complexos. O gestaltista jamais trabalha única e exclusivamente o indivíduo e o seu comportamento, mas o campo organismo/ambiente. Isso significa que atendemos a família, os pais e a escola, oferecendo orientação e apoio conforme as dificuldades e necessidades da criança. Há momentos em que o terapeuta pode identificar-se com a criança e a sua dor, ou com a mãe ou o pai em suas características pessoais; ainda pode acontecer de um dos pais lembrar aspectos dos próprios pais do terapeuta. Quanto mais treinamento dirigido para sua formação teórico-profissional, menos riscos de haver contratransferência e de o terapeuta projetar na relação as suas situações pessoais inacabadas.

Estar com crianças, portanto, requer teoria, técnica e arte para ir ao encontro da criança, desvendar o seu universo imaginário de maneira delicada e respeitosa e assim compreender seu sofrimento. A criança em terapia solicita contato, presença consciente para facilitar a conexão com emoções e ideias temidas que impedem o desenvolvimento pleno de sua personalidade. A terapia é uma dança, ora conduzida pela criança, ora pelo terapeuta. A terapia não pode ser baseada em uma relação vertical que provoque uma luta de poder. A criança já vive o drama de se ver sem domínio e poder sobre a própria vida. O terapeuta não pode ser figura, não pode dirigir a terapia unicamente segundo o plano terapêutico que traçou, ou seguir as suas necessidades sem levar em conta a dinâmica da criança em cada sessão.

O trabalho psicológico com crianças precisa ser conduzido para a vivência de experiências, de modo que elas possam experimentar a concretização do seu mundo subjetivo e dar-lhe significado baseando-se naquilo que veem, sentem, pensam e fazem. "Curar em Gestalt-terapia é um [...] restabelecer o processo natural de crescimento e desenvolvimento que foi truncado, maldirecionado, rigidificado ou fixado devido a um ambiente não apoiador, incongruente ou tóxico" (Reynolds, 2005, p. 159). A cura acontece por meio do cuidado, ocorre quando a criança se sente respeitada, aceita, validada pelo terapeuta. O caminho terapêutico, acima de tudo, visa incentivar a criança rumo à independência, à individuação, à autorregulação espontânea do seu organismo, à realização de seu potencial humano, a fim de honrar tudo aquilo que é e pode vir a ser.

REFERÊNCIAS BIBLIOGRÁFICAS

Aguiar, L. *Gestalt-terapia com crianças: teoria e prática.* Ribeirão Preto: Livro Pleno, 2005.

Alves, F. *Psicomotricidade: corpo, ação e emoção.* Rio de Janeiro: WAK, 2003.

Antony, S. "A criança em desenvolvimento no mundo: um olhar gestáltico". *Revista IGT na Rede*, v. 3, n. 4, 2006. Disponível em: <http://www.igt.psc.br/Artigos/a_crianca_em_desenvolvimento_um_olhar_gestaltico.htm>. Acesso em: 15 fev. 2010.

Beisser, A. "A teoria paradoxal da mudança". In: Fagan, J.; Shepherd, I. L. *Gestalt-Terapia: teoria, técnicas e aplicações.* pp. 110-114. Rio de Janeiro: Zahar, 1980.

McConville, M.; Wheeler, G. (orgs.). *The heart of development: Gestalt approaches to working with children, adolescents and their worlds.* V. I. Hillsdale: Gestalt Press, 2002.

Oaklander, V. *Hidden treasure: a map to the child's inner self.* Londres: Karnac, 2006.

PERLS, F. *A abordagem gestáltica e testemunha ocular da terapia*. Rio de Janeiro: Zahar, 1981.

PERLS, L. *Viviendo en los limites.* Valência: Promolibro, 1994.

RIBEIRO, J. P. *O ciclo do contato: temas básicos na abordagem gestáltica.* São Paulo: Summus, 1997.

STEVENS, J. (org.). *Isto é Gestalt.* São Paulo: Summus, 1977.

VIDAL, P. "Dentro y fuera de nuestra infancia". *Revista Infancia y Educación de la Asociación Española de Terapia Gestalt*. Madri, maio 1994.

WINNICOTT, D. *O ambiente e os processos de maturação: estudos sobre a teoria do desenvolvimento emocional*. Porto Alegre: Artes Médicas, 1983.

WOLDT, A.; TOMAN, S. *Gestalt Therapy: history, theory and practice.* Califórnia: Sage Publications, 2005.

A CRIANÇA QUE CHEGA ATÉ NÓS

ROSANA ZANELLA

4

Não sei de nada mais lindo do que fogos de artifício à noite.
Bolas luminosas azuis e verdes sobem pela treva e, justamente
quando estão mais belas, fazem pequena curva e acabam.
Ao contemplar-se isto, sente-se alegria e, ao mesmo tempo,
angústia; vai acabar mais uma vez, uma coisa depende da outra,
e é muito mais belo do que se devesse durar mais.
Herman Hesse

O objetivo deste texto é discutir alguns aspectos da minha prática clínica no atendimento de crianças, especialmente no que diz respeito à chegada da criança para o atendimento psicológico. Iniciei meu trabalho com crianças como educadora de pré-escola. Gostava de entrar em sala de aula, brincar e utilizar esse recurso como facilitador do ensino. As crianças ficavam atentas sempre que a motivação surgia na forma de músicas, histórias, desenhos ou jogos. Quando as acompanhava ao playground, literalmente entrava nas brincadeiras e nos brinquedos. Trabalhar como professora atualizava minha criança interna: eu aprendia com elas sobre novos desenhos, novos brinquedos, novas formas de ensinar, novas maneiras de me fazer entender. Exercitei bastante paciência, meu lado carinhoso, e aprendi também a ter firmeza quando necessário. Da criança envergonhada que fui quando pequena, pude experimentar minha polaridade brincalhona, festiva e expansiva. Se na escola a criança aprende a entrar em contato com outras crianças, aprende também a liderar, a ser submissa, a experimentar novos comportamentos, a trocar experiências, a entrar em contato com regras explícitas – e aprende também a assumir responsabilidade pelo que faz. Participar ativamente da escola foi uma experiência fascinante, uma vez que em contato com as crianças pude aprender a me relacionar com elas, facilitando seu caminho de aprendizagem.

Paralelamente à docência, iniciei minha atividade como psicoterapeuta. Ao deparar com as dificuldades das crianças que atendia, comecei também a mudar minha atitude como educadora, permitindo aos meus alunos que participassem mais ativamente das aulas. Tornei-me mais permissiva. Essa postura foi reforçada a partir do momento em que comecei a fazer Gestalt-terapia. Nessa ocasião, aproximei-me mais de meus clientes, pude envolver-me com eles, me permiti entrar em contato com meus sentimentos em relação a eles e, com isso, compreendê-los um pouco mais. Atualmente atendo no consultório e supervisiono atendimentos de alunos do último ano de graduação em Psicologia em duas universidades.

A Gestalt-terapia é o pano de fundo de meu trabalho de psicoterapeuta e o facilitador de meu crescimento pessoal. A postura fenomenológica que permeia a abordagem gestáltica e coloca o homem como um ser em relação, ser-no-mundo, possibilita o encontro consigo mesmo, o encontro comigo mesma, permitindo que eu, como terapeuta, possa ser instrumento do trabalho psicoterapêutico. O desenvolvimento do autossuporte tem sido uma preocupação constante em meu trabalho, bem como a forma em que ele ocorre. Quer na terapia individual, quer na grupal, o objetivo é caminhar "com as próprias pernas", o que requer paciência, delicadeza e firmeza por parte do terapeuta.

PENSANDO GESTALTICAMENTE

Na abordagem gestáltica, parte-se do pressuposto de que o homem não vive isoladamente. Interagindo com seu meio circundante (as pessoas que o cercam, os sons que escuta, os cheiros que sente, os sabores que lhe transmite o paladar, as ondas luminosas que lhe permitem ver, os objetos que toca e tudo que lhe desperta emoção e pensamento), o homem é em todos os momentos um ser em relação, que transforma o mundo e a si mesmo. Essa interação ocorre por meio do contato traduzido pelo movimento figura-fundo. Tal como uma girândola, que instante após instante faz brotar uma cor luminosa, assim é o constante surgimento da figura motivacional, que leva o homem a buscar o contato. Assim é a criança. Na família, ocupa seu espaço, configura seu campo e reconfigura o campo familiar.

Dessa forma, quando recebo uma criança em meu consultório, estou recebendo também sua família e todos os organismos em interação com ela. A família nos trará sua história, a queixa e as expectativas, e por meio dela saberei mais sobre a criança que será atendida. Por intermédio da criança, entramos em contato com nossa história, revivendo conflitos, medos e recordações alegres e ternas. A criança que chega ao consultório nos faz transitar entre nosso ser adulto e nosso ser criança. Estar diante de uma criança significa estar diante de um novo desafio: o de revivermos nossa infância e o de reconfigurarmos nossa história. Momentos delicados em que nossa criança está presentificada e vários sentimentos de nossa infância podem vir à tona, podem tornar-se figura. E esse é mesmo o maior desafio: separar o que é nosso e o que pertence à criança que atendemos. Diante disso, precisamos compreendê-la, mergulhar em seu mundo e criar estratégias para ajudá-la.

RECEBENDO A FAMÍLIA DA CRIANÇA

Considero importante o processo de diagnóstico da criança, ou seja, o processo de compreender o seu universo e a queixa sobre ela. Algumas vezes, os pais já trazem um diagnóstico pronto, por exemplo: "Ele é hiperativo, por isso não vai bem na escola". É nesse momento que a intervenção junto dos pais começa: como chegaram a esse diagnóstico e, principalmente, como entendem esse suposto diagnóstico? Como diz Frazão (1991, p. 41), "é necessário compreender essa queixa, compreender a relação que existe entre esta figura/queixa e o fundo". Além de aprofundar a queixa, é muito importante conhecer os outros aspectos da vida da criança, a polaridade saudável. Também é interessante refletir com os pais sobre a polaridade saudável, pois em alguns casos eles não conseguem vê-la sem antes recordar a vida cotidiana da criança. É o que Maichin (2004, p. 3) denomina de psicodiagnóstico interventivo: "Uma vez que o psicólogo fará de todos os momentos uma ocasião significativa, quando a criança e os pais estarão recebendo o que está sendo percebido no processo". Muito pertinente também é o que nos coloca Ignácio Jr. (1991, p. 60) a respeito do problema: "Não existe problema em si, e sim uma interação organismo-meio que não leva à satisfação organísmica e que assim chamamos de problema". Nesse sentido, preciso inteirar-me do ambiente circundante que configura a vida da criança: família, escola, amigos, tudo e todos que estão presentes na vida da criança, inclusive pessoas significativas que já faleceram. Dessa forma, posso começar a compreender o que dá contorno à figura/queixa e quais os mecanismos que a mantêm.

Ao diagnosticar, o terapeuta tem o intuito de compreender como essa pessoa age, sente, pensa, como ela se movimenta, enfim, pe-

> los caminhos da vida... É importante frisar a necessidade do aspecto processual do diagnóstico, ou seja, ele nunca está pronto. (Pinto, 2009, pp. 106-9)

Podemos assim refletir que a criança está em constante movimento, introjeta e assimila novidades que interferem e atualizam o seu ser-no-mundo. Nesse processo de conhecimento da criança, gosto de me reportar a Benjamin (1996), que mostra três formas de compreensão para com o cliente: **1** por meio do olhar do outro; **2** por meio do nosso olhar; **3** por meio do olhar do cliente.

1 POR MEIO DO OLHAR DO OUTRO – aqui entra o olhar da família, isto é, como a criança é vista por seus pais. Do aqui e agora ao lá e então, conhecemos a história da criança. Qual é o motivo que fez os pais levarem-na ao consultório? Como é constituída a família da criança? Como foi o nascimento dela? Como foi escolhido seu nome? Que posição ocupa na família? Como estava o mundo quando nasceu? O que está acontecendo com ela agora? O que os pais pensam a respeito disso e o que já fizeram para tentar solucionar o problema? Quais são as expectativas dos pais em relação à criança?

Acredito também que é muito importante conhecer as pessoas que lidam diretamente com a criança em seu dia a dia, inclusive avós (hoje em dia grandes cuidadores da criança enquanto os pais trabalham), babás e irmãos mais velhos.

Também é preciso levar em conta o olhar da escola. As crianças passam boa parte da vida na escola e os professores também podem complementar sua história, ajudando-nos a compreender o campo de nosso cliente. Como é seu rendimento escolar? Como é o relacionamento com professores e colegas? Como é seu comportamento? Como a escola lida com a criança? Como é a escola?

Além do olhar da família e da escola existe o olhar de outros profissionais que eventualmente atendem a criança: fonoaudiólogos, fisioterapeutas ou médicos. Esses profissionais podem nos ajudar a compreender o cliente por meio de sua especialidade. São relatórios e diálogos que ajudam a compor a imensa colcha de retalhos que é o ser humano.

2 **POR MEIO DO NOSSO OLHAR** – com as informações que tivemos de pais, professores e outros profissionais, além de nosso contato, poderemos traçar um perfil da criança: como é a criança que chega até nós? Qual é a figura que emerge? Que figuras compõem seu fundo? Quais são seus medos, suas dificuldades, suas possibilidades? O que está desequilibrando seu processo homeostático? Quais são os ajustamentos criativos que utiliza? Quais são os ajustamentos neuróticos que utiliza para evitar a satisfação de suas necessidades? Quais são as introjeções e projeções que a criança utiliza como mecanismos não saudáveis? Como polaridade, como está a parte saudável dessa criança? Onde está sua luz? Como fazê-la desabrochar? Como é seu autossuporte?

Posso pedir à criança que faça desenhos e começar a conhecê-la por meio deles. Posso observar como brinca, se me convida, se aceita meu convite, se entra sozinha na sala de atendimento, se pede a presença da mãe ou do pai, se gosta de conversar, se fica calada, como está vestida. Posso perguntar o que gosta de fazer, do que gosta de brincar, qual o nome da sua escola, seus amigos, seu time de futebol, enfim, conversar e observar.

3 **POR MEIO DO OLHAR DO CLIENTE** – a criança que chega ao consultório traz consigo a sua história: medos, possibilidades, angústias, o que nos ajuda a estabelecer um vínculo com ela. Como estabelece contato com o terapeuta? Entra sozi-

nha na sala ou pede a presença dos pais ou de quem a trouxe? Como é sua relação com os brinquedos? Brinca sozinha ou prefere a companhia do terapeuta? Enfim, como é o fundo que dá o entorno da figura que se destaca? O que ela nos diz? Atendi um menino de 4 anos cujos pais estavam separados e havia uma disputa entre o casal com relação às visitas do pai. Na sessão terapêutica, o menino entrou e quis brincar na casinha. Colocou os bonecos que representavam o pai e a mãe na cama e outro, que era a criança, em outra cama. Disse: "Aqui o pai e a mãe estão dormindo". De repente, virou-se para mim e falou: "Você sabe, o meu pai se separou da minha mãe, foi morar com outra e eu não perdoo ele por isso". Disse-lhe que ele parecia triste com isso, ao que respondeu que sim, e que não queria falar mais sobre o assunto. E voltou a brincar. Pronto! Mostrou-me seu sofrimento, sua dificuldade em lidar com essa nova configuração em sua casa.

Como uma colcha de retalhos, construímos nosso entendimento sobre a vida da criança e sobre sua família, e a ajudamos a construir seu autossuporte. Essa colcha de retalhos vai se reconfigurando à medida que atendemos a criança e fazemos orientações e intervenções junto da família.

Ao conhecer a criança, ao estabelecer vínculo com ela, já estamos iniciando o processo terapêutico. Como Gestalt-terapeuta, permito-me mergulhar no mundo da criança para compreender as necessidades, as figuras cristalizadas, as introjeções a que está presa e que impedem seu processo de desenvolvimento e o fluir de novas figuras em seu campo. Essa é a função do terapeuta: tratar das interrupções que atrapalham o processo de desenvolvimento, cuidando para que a criança fortaleça seu autossuporte.

Ao sentir-se terapeuticamente cuidada, a criança entrará em contato com suas potencialidades e também com suas dificuldades, tendo a possibilidade de satisfazer suas necessidades e dessa forma alterar sua autoimagem. Para Castañedo (1985, p. 159):

> o objetivo da Gestalt-terapia centrada na criança enfoca as necessidades e desejos que esta tem de manifestar seus sentimentos aqui e agora, tanto a nível sensorial como emocional, ensinando-a a enfrentar situações incompletas e dilemas não resolvidos; ambas as situações requerem um campo, permitindo-lhe a cada dia enfrentar novas situações que vão emergindo sem gastar energia no que já foi ou no que ainda será; o passado já não tem solução e o futuro se resolve por si mesmo, enfrentando o momento existencial. Viver no aqui e agora gestáltico, unido a dar-se conta e à tomada de contato consigo mesmo, com os outros e com o ambiente que a rodeia, facilita à criança a chegada a uma adolescência menos turbulenta e conflitiva, ajuda-a a transpor o muro da infância à juventude.

Normalmente, recebo os pais na primeira sessão para obter dados como queixa, história familiar, cotidiano da criança, enfim, uma anamnese. Ao agendar uma consulta, costumo pedir que venham apenas os pais. E aqui começa nosso trabalho. É interessante verificar como a família recebe esse pedido. Na minha experiência como terapeuta e como supervisora em clínica-escola, tenho observado uma diversidade de composições na primeira consulta: aparece apenas um dos pais, ou a criança acompanhada por um dos pais, o casal, os pais biológicos com padrastos e madrastas, avós, tios, vizinhos, enfim, uma gama interessante de composições. Caso a criança compareça com os pais na primeira consulta, gosto de perguntar quem vai entrar. Aqui temos uma gama de possibilidades: às vezes, a mãe quer entrar e deixar a criança com o pai ou vice-versa. Outras vezes, a família quer entrar junta. É incomum, mas acontece de a criança pedir para entrar sozinha. Dessa forma, já podemos coletar uma série de dados: como é o respeito dos pais pela criança e desta pelos pais, como é a decisão de quem vai entrar. Quem costuma tomar as decisões na família?

Se a família toda entrar na sala de atendimento, após um *rapport* e apresentações em que a figura é a criança, pergunto o motivo pelo qual me procuraram e incluo sempre a criança nessa conversa. Nesse caso, é importante verificar o grau de conforto da criança para poder continuar a entrevista. Posso então continuar ou encerrar a entrevista, marcando uma sessão só com os pais e outra só com a criança. Determinados autores preferem que a criança esteja sempre com os pais nas sessões. Assim como Aguiar (2006), entendo que às vezes os pais necessitam contar-nos algum segredo ou mesmo falar de suas angústias sobre o motivo da consulta e precisam de uma sessão sozinhos. Imaginem que os pais estão levando seu filho adotivo a fim de obter ajuda sobre como falar a respeito da adoção, para que a criança tenha um suporte terapêutico. Se a criança estiver na sessão, o segredo se revela ali mesmo. Outras situações – como separações, doença de algum membro da família, novos casamentos, mudanças de estado, cidade ou país – poderão trazer desconforto para os pais se a criança estiver presente. Além disso, ela talvez não esteja preparada para ouvir questões que podem ser incompreensíveis no momento.

Na entrevista com a família, faço inicialmente uma exploração da queixa. Sigo o que propõe Ignácio Jr. (1995), colocando algumas questões "de frente" para auxiliar a compreensão do motivo da consulta. São elas:

- "O que está acontecendo?" – É a queixa em si, o motivo que leva o cliente a procurar terapia.

- "Como é isso que está acontecendo?" – Esclarece e explica como é a queixa, qual é o seu conteúdo.
- "Onde e quando acontece?" – Contextualiza temporal e espacialmente o conteúdo da queixa.
- "Onde e quando mais acontece?" – Contextualiza a interação do cliente em seu mundo circundante.
- "Desde quando acontece?" – Traz dados de um passado, da história do cliente no que diz respeito à sua queixa.
- "O que, como, onde e quando se deu esse momento?" – Traz detalhes do passado que possibilitam configurar a história do cliente.

Acrescento:

- "Como vocês lidam com esse problema? Qual é a atitude tomada quando acontece?"
- "O que já foi feito para resolver o problema?" – Ou seja, se os pais já fizeram algum outro tratamento, uso de medicação etc.
- "Como vocês se sentem com relação ao que acontece?" – Aqui reforçamos a acolhida e a empatia.
- "Quais são as crenças que permeiam esse problema?" – Em que os pais acreditam; se na opinião deles existe ligação com algum acontecimento passado.

De modo geral, os pais chegam fragilizados à primeira entrevista, pois podem estar se sentindo pressionados pela família ou pela escola a "resolver o problema". Em certa ocasião recebi uma mãe que disse: "Era só o que me faltava: trazer minha filha na psicóloga". Em outra, durante a sessão de uma supervisionanda, a mãe afirmou: "Agora é com vocês. Vocês é que sabem o que fazer". Essas incertezas mostram a aflição que permeia o atendimento aos pais. Alguns com sentimento de culpa, outros com incredulidade, mas todos em busca de aliviar o sofrimento. Portanto, o vínculo com os pais ajuda na cura da criança. Gosto de dizer que todos os pais acertam e erram e nem sempre a criança está ali por causa dos erros ou acertos deles. Em geral, isso os reconforta e os motiva a levar o filho à terapia.

RECEBENDO A CRIANÇA

Durante a entrevista com a criança, gosto sempre de perguntar se ela sabe por que os pais a estão trazendo ao consultório. Às vezes ela sabe, outras vezes não. Gosto então de me apresentar e perguntar se a criança sabe o que faz um psicólogo. Já tive respostas interessantes sobre isso: "É uma pessoa que cuida dos sentimentos"; "É uma pessoa que conserta a cabeça"; "É um médico que ajuda com os medos"; "É para ajudar na escola". Quando a criança não sabe, faço analogias como: "Quando você sente dor no corpo, quem você procura? E quando dói o dente?" Depois de ouvir as respostas, digo que existem sentimentos e dores que não são curados com a ajuda do médico ou dentista, mas sim com a do psicólogo, que cuida das pessoas que vão mal na escola, que brigam, que têm medos, vergonha, que não conseguem fazer amigos, enfim, queixas que são atribuídas às crianças de modo geral, inclusive o motivo pelo qual ela foi trazida ao tratamento.

É interessante notar que a maneira como perguntamos à criança pode ser entendida de forma diferente da nossa intenção. Certa vez, perguntei a uma criança se ela sabia por que a mãe havia marcado aquele horário para ela. Prontamente respondeu: "Sim, é porque estudo de manhã e só posso vir à tarde". Obviamente, reformulei a pergunta e ela compreender a pergunta. Esse episódio mostra que estamos sempre aprendendo com as crianças que chegam até nós, que devemos sempre exercitar nossa habilidade de ser terapeutas e que devemos estar em contato com o mundo externo, com nosso meio circundante, para assim compreendermos o mundo da criança que atendemos. No caso de crianças muito pequenas (de 3 ou 4 anos de idade), muitas vezes eu só me apresento e digo que vamos nos conhecer e brincar algumas vezes.

Depois da apresentação, faço com a criança um pequeno contrato. Considero importante que ela entenda o "funcionamento" das sessões. Combinamos o horário, o dia da semana em que vamos nos encontrar, apresento a sala e digo que esse espaço e os materiais são para brincarmos e fazermos algumas atividades (desenhos, pinturas, histórias). Digo também que o espaço e os brinquedos são compartilhados com outras crianças (não utilizo o modelo de uma caixa para cada criança) e que vamos procurar cuidar deles, bem como evitar nos machucarmos. E que, ao final do nosso tempo, vamos juntas arrumar os brinquedos.

Durante meu processo de aprendizado de ser terapeuta, tive algumas experiências marcantes com relação à rigidez de contratos. A. era um menino pequeno, franzino, que chegou até mim com uma queixa de agressividade. Tinha 3 anos e meio de idade e um distúrbio neurológico que estava sendo acompanhado pelo médico. Quando chegou ao consultório, entrou, jogou todos os brinquedos no chão, puxou meus cabelos, sentou-se em meu colo e chorou. Experienciei a solidão presente em sua vida e a vontade de se aproximar... só que ele não sabia como. No decorrer das sessões, A. fazia muitos desenhos, construía pipas e dramatizava situações. Geralmente, queria levar suas produções para casa e, como nessa época eu era um tanto rígida nas regras da ludoterapia e não o deixava levar, ele colocava sua raiva para fora e destruía tudo que podia. Ele me dizia: "Mas, Rosana, fui eu que fiz, por que não posso levar?" Isso me fez pensar que era o momento de mudar de postura como terapeuta. Alterei minhas regras. Comecei então a observar mudanças. Numa sessão, A. construiu uma pipa e pediu para levá-la para casa. Eu concordei, dizendo que era algo que ele havia feito e que devia ser importante para ele mostrá-la em casa. Seus olhinhos brilharam. Disse-lhe também que algumas vezes ele já havia feito esse pedido e eu não havia concordado, mas que eu havia pensado melhor no assunto. Combinamos que daquela data em diante ele poderia levar suas produções (desenhos, construções com papel etc.), mas que eu gostaria de manter algumas no consultório. Imediatamente, A. pegou seus desenhos (os que estavam inteiros) e começou a escolher os que ia levar, deixando outros em sua pasta. Foi uma grande lição. Estar com a criança é exercitar nossa paciência e maleabilidade, nossa delicadeza e firmeza.

FINALIZANDO

Para atender crianças, é fundamental gostarmos delas, sermos capazes de estabelecer uma relação empática com elas, procurando vivenciar seu mundinho e olhar o mundo com seus olhos. Da criança que fomos, guardamos lembranças e sementes. Para atender, precisamos resgatar nossa criança interna, presentificando-a durante as sessões: nossa parte espontânea, divertida, brincalhona é trazida à tona nos atendimentos, fazendo do consultório um laboratório de vivências. Se em Gestalt-terapia utilizamos o experimento como recurso de ampliação da *awareness*, com a criança o próprio brincar é o experimento que possibilita a ampliação de fronteiras. Assim, por meio do brincar, a criança amplia sua *awareness*, experimentando o mundo em que vive, ensaiando situações e expandindo suas fronteiras de contato.

Atender crianças é uma experiência fascinante! Acompanhá-las em seu processo de crescimento exige do terapeuta uma constante atualização da sua criança interna, disponibilidade para aceitá-la e, sobretudo, para brincar com ela. Cada criança que atendo constitui para mim o desafio de ser capaz de compartilhar com ela seu pequeno grande mundo.

REFERÊNCIAS BIBLIOGRÁFICAS

AGUIAR, L. *Gestalt-terapia com crianças: teoria e prática.* Campinas: Livro Pleno, 2006.

BENJAMIN, A. *A entrevista de ajuda.* São Paulo: Martins Fontes, 1996.

CASTAÑEDO, C. "Terapia Gestalt enfocada en el niño". *Revista Costarricense de Ciencias Médicas,* v. 6, n. 3, 1985, pp. 150-60.

FRAZÃO, L. "Pensamento diagnóstico em Gestalt-terapia". *Revista de Gestalt*, v. 1, n. 1, São Paulo, 1991, pp. 41-6.

IGNÁCIO JR., A. "A primeira entrevista clínica em Gestalt". *Revista de Gestalt*, v. 4, n. 4. São Paulo: Departamento de Gestalt Terapia do Instituto Sedes Sapientiae, 1991, pp. 55-61.

MAICHIN, V. "Os diversos caminhos em psicoterapia infantil". In: ANGERAMI-CAMON, V. (org). *O atendimento infantil na ótica fenomenológico-existencial*. São Paulo: Thomson, 2004.

PINTO, E. B. *Psicoterapia de curta duração*. São Paulo: Summus, 2009.

5 O ÁRDUO CAMINHO DE CRESCIMENTO PARA A CRIANÇA TÍMIDA

CLAUDIA RANALDI

Gostaria de iniciar este texto fazendo um relato fictício – porém baseado em fatos reais – das angústias da criança tímida.

Uma linda manhã de primavera. Céu azul, os raios do sol iluminando as folhas e flores coloridas das árvores. O canto dos pássaros e o latido dos cachorros compõem o ambiente com o riso e os gritos de alegria das crianças que brincam na praça. As crianças correm para um lado, cochicham entre si e correm novamente. Os meninos jogam bola, comemoram o gol, discutem e voltam a jogar. Em outro canto, meninas menores brincam ora com seus cachorros, ora correm para suas bonecas e panelinhas.

Do outro lado da grade do portão, a menina solitária acompanha o movimento e as brincadeiras das meninas de sua idade. Com um brilho no olhar e um sorriso nos lábios, vibra com os acontecimentos, prestando atenção em todos os detalhes. Sua mãe se aproxima e a incentiva a ir para a praça brincar.

Imediatamente o sorriso se entristece e se transforma em uma expressão séria. Uma sensação gelada passa por seu corpo inteiro, o peito dói momentaneamente. O olhar baixa e o corpo se encolhe. A língua cutuca por dentro a bochecha e, apenas com um balanço do corpo, responde que não. Não quer ir.

A mãe, que já esperava por essa resposta, não insiste e vai embora. Agora a paisagem parece desaparecer e um silêncio ensurdecedor se impõe. Seu corpinho, ali, encolhidinho, fica imobilizado e vazio.

Fritz Perls (1988, p. 39) já dizia que:

> No nível psicológico, o homem necessita de contato com outros seres humanos, assim como, no nível fisiológico, necessita de comida e bebida. O sentido de relação com o grupo lhe é tão natural quanto seu sentido de relação com qualquer dos seus impulsos fisiológicos de sobrevivência.

Podemos identificar com clareza o desejo da menina citada anteriormente de participar e brincar com as outras crianças. Além disso, percebemos uma enorme impossibilidade interna de reagir a esse desejo e ir em busca de sua satisfação.

Como fica, então, a citação de Perls? Com ela, podemos começar a entender o que é a timidez e o tamanho da dificuldade e do sofrimento de quem a tem. Por sua vez, Violet Oaklander (1980, p. 73) conta-nos que a criança saudável é aquela que está se desenvolvendo plenamente, sem interrupções deste processo:

> A livre e fluida expressão do organismo revela um crescimento saudável. O desenvolvimento sadio, contínuo, dos sentidos, do corpo, dos sentimentos e do intelecto da criança constitui a base subjacente do senso de eu da criança. Um senso de eu forte contribui para um bom contato com o ambiente e com as pessoas desse meio ambiente.

Mais uma vez, deparamos com a dificuldade dessa menina cujo senso de eu está tão fragilizado. Seu processo de crescimento, se não estiver impedido, no mínimo encontra-se com interrupções e pouca fluidez.

A vergonha é um estado momentâneo, fisiológico e emocional, em que o indivíduo se sente tomado por uma dificuldade de agir e se expressar diante de determinada situação.

Essa dificuldade varia de intensidade, podendo ir de um simples incômodo que dificulta a ação até uma imobilização total do comportamento. Diante da censura que o indivíduo faz a si mesmo, ou que vem do mundo externo, surgem sensações como rubor, tremor no corpo, taquicardia e voz trêmula. Surge uma enorme vontade de esconder-se e não estar na situação; fica muito difícil manter uma postura com naturalidade. Em geral, o indivíduo não sabe o que fazer com as mãos. Seu corpo fica rígido e trêmulo, as pernas parecem não poder sustentá-lo. As expressões faciais ficam desarmoniosas. Essas são reações típicas, que variam em intensidade, dos momentos de vergonha.

Segundo Van De Riet (1997), a vergonha saudável pode servir como balizadora do comportamento, ajudando o indivíduo a discernir o que é ou não adequado. O fato de sentir-se envergonhado serve como alerta para a avaliação de um comportamento, ou de uma intenção de ação, que de alguma forma está em desacordo consigo próprio ou com a situação presente. À medida que o indivíduo se dá conta e faz diferente ou repara a sua "inadequação", o estado de vergonha não se faz mais presente.

Van De Riet cita também a vergonha tóxica, descrevendo um estado exacerbado de vergonha em que o indivíduo não é capaz de sustentar ou defender o seu senso de eu. A pessoa sente-se esmagada pela vergonha diante de situações cotidianas consideradas naturais e corriqueiras pela maioria das pessoas. E é aqui que começamos a falar da timidez.

COMPREENDENDO O DESENVOLVIMENTO DA TIMIDEZ

Encontramos várias conceituações a respeito de timidez, vergonha, embaraço e fobia social que, muitas vezes, se misturam e se confundem. Concordando com Van De Riet, descrevemos a timidez como um "ser e estar existenciais" em que o indivíduo não se autossustenta diante do mundo nem diante de si mesmo.

A vergonha é uma reação emocional ao funcionamento tímido que traz um efeito sensorial no corpo. É, portanto, a expressão dessa fragilidade existencial. Está presente no indivíduo tímido como manifestação de desequilíbrio do *self* nos momentos em que seu ser sucumbe ao medo de uma situação desconhecida. A timidez está ligada sempre à interação com outras pessoas que, em geral, são desconhecidas ou pouco familiares.

Para o indivíduo verdadeiramente tímido, o estado de vergonha muitas vezes é arrebatador. Deixa-o imobilizado, tentando dar conta do que está se passando consigo próprio internamente. A vergonha torna-se figura, ficando tão evidente que a pessoa perde o contato com seu autossuporte e com a situação externa presente. Na busca de autorregulação, tende à fuga ou ao não enfrentamento.

A timidez tem um forte componente biológico/genético que, associado às diversas vivências relacionais da infância, pode-se desenvolver-se em maior ou menor grau.

O bebê, quando nasce, vem pronto para o contato. Sua singularidade vai mostrar a qualidade dessa prontidão para o contato e para as relações. Desde os primeiros meses de vida, reconhecemos bebês tranquilos e introvertidos, e também – percebemos os mais descontraídos – que buscam, com maior frequência, a interação de forma lúdica.

Ao nascer, o bebê traz consigo o *aparatus* sensório-motor que se aperfeiçoa ao longo do crescimento, tornando-o cada vez mais apto para interagir com a mãe ou com o cuidador. À medida que o bebê cresce, as interações vão se tornando mais frequentes e mais intensas. Mãe e bebê se olham, se tocam, sorriem, balbuciam, brincam juntos. Essas interações são as primeiras expressões de uma relação que começou a se constituir muito antes do nascimento. Nesse contato mãe-bebê, a criança vai desenvolvendo o seu repertório individual de interação. Vai experimentando chamar a atenção da mãe quando quer brincar, virar o rosto e se afastar quando se cansa, chorar para transmitir-lhe desconforto e dor. É nesse diálogo mãe-bebê que a criança apreende os sentidos e significados e começa a apresentar intenção em suas reações, ou seja, é nele que aprende a se comunicar e a se relacionar.

A qualidade do contato no campo mãe-bebê vai interferir decisivamente na formação da identidade da criança. Das sucessivas interações com a mãe, a criança vai aprendendo sobre si mesma e sobre o mundo. A mãe vai decodificando as experiências vividas, servindo como um espelho que reflete o si mesmo a seu bebê. Essas vivências vêm carregadas de conteúdos afetivo-emocionais que vão sendo registradas e armazenadas em uma espécie de diário interior. A natureza das reações da mãe às necessidades emocionais de seu filho será importante para a construção da autoimagem da criança, e, consequentemente da sua autoestima. A criança registra as expressões faciais e corporais de seus pais e as próprias sensações ao ser tocada, olhada, acolhida ou repreendida.

A criança que se sente aconchegada nos braços maternos, que se sente percebida e atendida em suas necessidades, correspondida pelo olhar profundo e afetuoso da mãe, tende a sentir-se amada. Sua existência é percebida como importante. Sente-se confirmada em seu valor como ser existente, sente que tem algo de valioso para oferecer ao outro e ao mundo.

Por volta dos 2 anos, o bebê, que antes se relacionava mais com o ambiente e com seus cuidadores, passa a perceber-se e, por conseguinte, a interagir com as outras crianças. Não disputa mais brinquedos apenas, mas começa a ensaiar o brincar junto. As interações sociais, que antes eram limitadas ao núcleo familiar, ganham importância na vida da criança.

Seu repertório de comportamentos se amplia e se diversifica a partir do interesse em interagir. A criança aprende a dividir, disputar, compartilhar e esperar. Experimenta a sensação de frustrar-se e, em seguida, satisfazer-se com uma nova proposta. Depara com dificuldades e novos desafios dos quais os adultos não fazem parte; portanto, as conquistas são exclusivamente suas.

Conforme vai crescendo, essas relações vão se estreitando e a criança começa a experimentar sentimentos mais intensos com relação a alguns colegas. Surgem as primeiras amizades. Essa é uma das passagens importantes no processo de desenvolvimento da criança. É o momento de ampliação do mundo infantil. A criança vai para a escola e começa a viver em grupo. A professora e os amigos passam a ser figuras muito significativas para ela. Surgem as amizades mais íntimas. A vivência do "melhor amigo" proporciona uma série de sentimentos que permitem à criança confirmar e ampliar os conceitos que tem de si mesma. É uma experiência rica e relevante deparar com alguém de que gosta e com quem se identifica, mas que, muitas vezes, é bem diferente de si. Esse melhor amigo tem outros pais, outra educação, outros costumes e hábitos e, algumas vezes, condições socioeconômicas diferentes. A criança começa a frequentar a casa dos amiguinhos e, portanto, a relacionar-se com diferenças essenciais. Seu mundo, seus conceitos, suas vivências e experiências internas mais uma vez se ampliam e se somam na direção do crescimento e do amadurecimento.

A criança que se sente confirmada em seu valor existencial cria um estilo de personalidade autoconfiante que tende a se expandir. Essa segurança permeia seu relacionamento com o mundo. Esses são os alicerces para uma relação de vínculo saudável. É o que Bowlby chama de relação de apego seguro. A criança sente-se segura para explorar o mundo e estar com o outro. Sente-se aceita ao ser quem realmente é, tornando-se capaz de estar no mundo de forma fluida e integrada na troca com o ambiente, no campo.

A criança tímida, ao contrário, está o tempo todo em conflito consigo própria e com o ambiente. Sua autoestima e autoimagem lhe trazem um peso difícil de suportar. Segundo Giovanna Axia (2003, p. 87), "a pessoa tímida tem uma constituição biológica inclinada a reagir automaticamente com grande intensidade aos estímulos externos". Os tímidos sentem medo, enrubescem e suam frio. Podem ser inseguros e muito vulneráveis a qualquer fracasso pessoal, por menor que seja. A autora continua dizendo que "geralmente não gostam do seu jeito de ser, são intolerantes com a própria timidez e, por isso, se envergonham de si mesmos, o que faz que aumente o medo da atenção e do julgamento do outro" (*ibidem*).

A CRIANÇA TÍMIDA E SUAS RELAÇÕES

Desde muito pequeno, o filho tímido tende a grudar na mãe, principalmente em situações sociais. Diante da insegurança, a criança mostra-se incapaz de sentir-se tranquila e segura com outras crianças que não conheça, principalmente se os pais não puderem ficar próximos dela. Forçá-la a brincar e ficar sem os pais por perto é, na certa, colocá-la em situação de angústia. Paralisa-se. Sua voz é apenas um sussurro entrecortado. Falta-lhe habilidade para lidar com a situação. Quanto mais espontâneas e descontraídas forem as outras crianças, maior a ansiedade e o medo. Essas situações só vêm a confirmar para a criança a sensação de ser um fracasso pessoal e de que não tem chance de ser uma delas.

Mas as ocasiões sociais, apesar de parecerem intermináveis, acabam e não ocorrem constantemente. Mais complicada é a entrada na escola. Indiscutivelmente, é um dos momentos mais difíceis, se não o pior momento para a criança tímida. Para muitas delas, é uma das primeiras experiências de separação da mãe, em que vão ficar em um ambiente novo e com pessoas desconhecidas. A falta de confiança pessoal não lhes permite acreditar que serão capazes de ficar bem no novo ambiente por algumas horas.

A insegurança, com todos os seus dissabores toma conta da criança. Os sentimentos são de abandono, raiva, tristeza e fragilidade. Às vezes, ela sente-se confusa por não conseguir entender como a mãe, de quem tanto espera cumplicidade, pôde traí-la dessa forma. Por sua vez, a mãe sensível e sintonizada com o filho muitas vezes entra em angústia por ver o sofrimento do seu pequeno rebento. Acostumada, porém não menos perturbada, tende a querer protegê-lo de situações de tanto tormento. Insegura com a insegurança do filho, acaba por emitir-lhe mensagens que confirmam o que ele já introjetou sobre si mesmo: não é capaz de apresentar-se ao mundo por si só.

Após muita relutância, a criança sucumbe à entrada na escola, pois, de alguma forma, sabe que tem de ir e até mesmo deseja estar na escola como os colegas. Porém, para muitas crianças tímidas, as maiores dificuldades estão por vir. Passivas e temerosas, não reagem às oportunidades de inter-relação com as outras crianças. Tendem a ficar sempre sozinhas. Os piores momentos são os que envolvem a integração grupal, como jogos, brincadeiras, trabalhos em grupo ou atividades livres. A aula de educação física e o recreio são os acontecimentos mais temidos. Com uma postura corporal introvertida e pouca ou quase nenhuma energia agressiva, os jogos tornam-se muito difíceis. Por sentirem-se frágeis, o contato corporal parece-lhes ameaçador, pois temem ser agredidas ou machucadas nas situações de confronto e disputa. Em geral, as crianças tímidas têm habilidades esportivas, mas as desconhecem.

Sempre muito preocupadas com o julgamento dos outros e com o pavor de errar, não conseguem se concentrar na situação presente. Jogam mal, nunca são escolhidas para compor o time e quase sempre procuram fugir de tais circunstâncias. O recreio é outro momento árduo, quando seu isolamento e solidão se explicitam. Muitas crianças se escondem no banheiro ou no próprio pátio para que ninguém as veja solitárias ou, pior ainda, para evitar situações interacionais.

> Eu sempre fui uma criança muito tímida. No colégio, sempre sentava no canto da sala e não tinha amizades, pois não conversava com ninguém. Lembro-me que com 8 anos de idade todas as crianças faziam festas de aniversário e convidavam todos os colegas de sala. Eu morria de vontade de ir, mas por conta da timidez eu escondia os convites e nunca ia às festas. Meu medo era de ficar perdido na festa, sem falar nem brincar com os outros, e morreria de vergonha se alguém notasse que eu era excluído. Eu ficava imaginando situações que poderiam acontecer para me deixar constrangido, e só de pensar já me sentia desprotegido e nervoso, como se todos fossem ficar olhando para mim e pensando que eu era chato e que ninguém queria conversar. (L. I., 19 anos)

Algumas delas vão aprendendo a burlar as situações críticas, aliam-se a algum amigo com as mesmas características e seguem em frente em seu crescimento. Para outras, o processo é mais intrincado. Apresentam baixo rendimento escolar, chegando a repetir de ano. Outras se mantêm isoladas e tristes, podendo até apresentar sintomas de depressão. Algumas somatizam, apresentando sintomas físicos, ou comportam-se de maneira bem regredida com o propósito de evitar a escola.

Ainda há outras que desenvolvem um comportamento bastante ambivalente, mostrando-se confusas em suas atitudes: ora receptivas e carinhosas, ora agressivas, arredias e arrogantes. A arrogância é um comportamento defensivo disfuncional que algumas crianças e jovens encontram para lidar com a própria insegurança. Em seu íntimo, o que mais querem é se sentir queridas e admiradas. Fazem tentativas de buscar o contato, mas o fazem mostrando uma face de si que não solicita uma reação amigável do outro.

Encontramos, ainda, entre as crianças tímidas, aquelas que se tornam vítimas de *bullying*. Muitas delas, ingênuas e com pouca capacidade de se defender, viram alvo de chacotas e brincadeiras agressivas dos colegas de escola. Na medida em que não têm um domínio saudável sobre si mesmas não conseguem se aceitar nem obter a aceitação e confirmação de seu ser; mantêm-se em tensão constante e em permanente defesa diante do mundo, que lhes parece ameaçador. Sentem que o ambiente as provoca e a ameaça o tempo todo. Manter-se quietas e isoladas é uma forma de manter-se seguras, evitando o risco de rejeição ou mágoa.

Normalmente, esse tipo de criança admira e deseja para si ser espontânea, falante, solta e engraçada como o amigo descontraído e extrovertido. Passa a viver uma idealização, imaginando que só pode ser aceita e ter valor se for como aquele colega. Intensifica-se a tensão interna entre o como é e o como acha que deveria ser. Nessa idealização, a criança acaba sendo cruel consigo própria, potencializando sua autocrítica e ampliando a rejeição a si própria.

Ao estar diante de situações novas e pessoas desconhecidas, acredita que todos vão descobrir como ela é defeituosa e inadequada. Por isso, o maior temor é ser vista e percebida.

Tenta literalmente esconder-se o tempo todo, colocando-se em lugares menos visíveis, cuidando para desviar o olhar de quem a olha, calando-se e, muitas vezes, encolhendo-se.

No entanto, um grande paradoxo se apresenta à pessoa tímida. Seu maior medo é também seu maior desejo: ser vista. Sua ferida advém de não se sentir percebida e aceita no seu mais profundo ser, por isso não pode reconhecer-se e validar-se em sua essência, no que realmente é. Afasta-se de si mesma e, muitas vezes, sabe pouco sobre si própria. A pessoa tímida passa a vida fugindo daquilo que mais necessita e deseja: o contato e o encontro.

A baixa autoestima, aliada à autoimagem negativa, interfere na qualidade do contato da criança com o seu mundo, afetando sua criatividade e socialização. Ao prestar muita atenção em si mesma e em seus medos, sua interação com o ambiente fica empobrecida. As relações no campo são permeadas por ansiedade e interpretações errôneas. Ao se retrair em busca de autorregulação, perde constantemente oportunidades de fazer ajustamentos criativos e, portanto, de se enriquecer e fortalecer cognitiva e emocionalmente. Muitas vezes, o amadurecimento emocional e social da criança torna-se mais vagaroso.

Com a chegada da puberdade, essa criança – que está se tornando adolescente – passa a ter de lidar com mais alguns aspectos que até então não se faziam presentes. A começar pelas transformações do corpo, a descoberta da sexualidade e todas as novas exigências que o meio impõe ao novo jovem. É chegada a hora de andar em grupos, paquerar, namorar, sair da total proteção dos pais e a descobrir o mundo. Menos permeáveis às influências e expectativas familiares e, portanto, mais livres para se experimentarem, alguns, nesse momento, desabrocham. A timidez deixa de atuar de forma tão incisiva.

Para outros, o percurso continua bastante árduo. O jovem tímido corre o risco de chegar à adolescência ainda muito imaturo e um tanto ingênuo. Sentindo-se mais uma vez em desvantagem com relação aos jovens de sua idade, tende a retrair-se diante de situações em que tenha de se posicionar mais ativamente.

A adolescência é uma fase delicada para os jovens em geral, pois é o momento de construir uma identidade própria e autônoma. Tornam-se mais sensíveis, inquietos, ansiosos e enfrentam constantes oscilações de humor. O mundo abre-se diante desses jovens e os temores aparecem, pois muitas mudanças e experiências novas os esperam a todo momento. Para o jovem tímido, esses aspectos intensificam as dificuldades já existentes. Deparar com situações desconhecidas e, frequentemente, conhecer pessoas novas são vivências penosas para ele. É nesse momento que muitos, angustiados com as dificuldades, se isolam ainda mais. Passam dias e dias trancados no quarto e acabam se afastando da família e dos amigos. Outros recorrem à bebida ou às drogas para amenizar as dificuldades, diminuir a vergonha e integrar-se ao grupo.

A escolha da profissão, bem como a entrada na faculdade, pode ser adiada por causa da dificuldade do jovem de avançar em mais uma etapa da diferenciação do eu e na aquisição da autonomia. Não lhe é muito atraente lançar-se a um mundo que não parece muito seguro, agora como um "quase adulto" e não mais com a "proteção" que, teoricamente, a infância oferece.

Outros jovens, também tímidos, usam os estudos e a construção da carreira como um refúgio e um apoio para se fazerem presentes no mundo. O suporte cognitivo e a bagagem intelectual lhes favorecem o contato em algumas ocasiões, mas, em outras, podem fazê-los se sentir estigmatizados.

Ao longo de todo o crescimento, são inúmeras as ocasiões de novos desafios e novas passagens para fases posteriores do amadurecimento. Para citar mais algumas delas, podemos assinalar as primeiras paixões, o primeiro namoro, as primeiras relações sexuais, o primeiro emprego, o confronto com o chefe, a primeira viagem a trabalho.

Crescer e se desenvolver é ir ao encontro de si mesmo, é ir para o mundo, o que implica contato com o novo e com o desconhecido. É inevitável que o percurso para o crescimento do indivíduo tímido seja muito mais árduo. Quanto mais cedo ele receber ajuda terapêutica, mais rápido poderão ser amenizadas as dificuldades que a timidez impõe ao processo de crescimento e expansão do indivíduo.

TRABALHANDO COM A TIMIDEZ

O trabalho psicoterapêutico com a criança, o adolescente ou até mesmo o adulto tímido é bastante delicado, sobretudo do ponto de vista relacional. Via de regra, temos diante de nós alguém que tem medo das pessoas, principalmente de pessoas desconhecidas ou que expressem alguma autoridade. A possibilidade de que ele nos veja dessa forma é bastante grande, pois, a princípio, estamos ali para ajudá-lo e por isso devemos saber muito bem das coisas nas quais ele, decididamente, é um fracasso. Então, considero que um dos primeiros e mais importantes passos é desmistificar qualquer autoridade que porventura possa estar projetada na figura do psicólogo.

Tão importante quanto isso é verificar se há uma verdadeira disponibilidade interna para atender alguém com esse perfil. A pessoa tímida é muito sensível e perspicaz. Acostumada a tomar cuidado para não desagradar, presta atenção nos detalhes e está sempre alerta com relação ao outro. Por isso, a autenticidade é fundamental. O tímido estará atento às expressões corporais, faciais e ao tom de voz do terapeuta.

A pessoa insegura, que não se aceita, está nos vendo e ouvindo com rígidas lentes de autocrítica e desaprovação. Segundo Oaklander (1980, p. 309), "quando uma criança sustenta que é estúpida, feia ou má, não há nada que possamos dizer ou fazer para alterar imediatamente essa autoimagem".

O paciente tímido precisa ser acolhido e compreendido em sua vergonha. O terapeuta precisa criar com ele uma sintonia muito fina, para que consiga confirmá-lo ao compreender tamanha dificuldade diante de situações tão corriqueiras para a maioria das pessoas. É preciso que o terapeuta compreenda a angústia e a imobilidade do paciente e que trabalhe com um grau mínimo de exigência, respeitando seu tempo e seu ritmo.

Para uma pessoa que não consegue se aceitar, ouvir uma intervenção positiva ou um elogio pode soar falso, como uma tentativa do terapeuta de agradá-la. Não podemos entrar em ansiedade e tentar mostrar-lhe determinados aspectos caso ainda não esteja pronta; do contrário, corremos o risco de o paciente sentir-se incompreendido. Tais intervenções podem gerar raiva e fazer que o paciente se feche ainda mais, por achar que o terapeuta está muito longe de alcançar o que está tentando expor com tanto esforço e tanta dor.

Atento e sintonizado às conquistas sutis, é importante que o terapeuta perceba e aponte o que for possível ao paciente, a fim de que este não tenha como negar ou contaminar o tratamento com sua autodesvalorização. É um trabalho de formiguinha. Fazer contato e celebrar cada pequena aquisição ajuda o paciente a conhecer e tomar posse de seu potencial, até então desconhecido.

Ainda com relação ao vínculo terapêutico, acredito que a postura do terapeuta possa colaborar com essa construção ou dificultá-la. Pessoas muito fortes, excessivamente firmes no contato e que se mostrem totalmente autossuficientes são um campo fértil para as fantasias da pessoa tímida, que tende a idealizar o outro e sentir-se ainda mais fragilizada. Posturas e atitudes narcísicas reforçam uma dinâmica disfuncional, presente em diversas pessoas tímidas: o ressoar e reagir às demandas do outro em detrimento das suas próprias necessidades, para agradar e sentir-se aceito.

O excesso de extroversão e brincadeiras também acaba por deixar uma pessoa muito envergonhada tensa e incomodada. Brincar e gargalhar pressupõem descontração e, para que haja descontração, é preciso segurança interna e confiança na relação. Entretanto, alegria e bom humor são alentos saudáveis e bem-vindos, pois oferecem suporte para que temas constrangedores venham à tona.

Delicadeza e doçura são atitudes indicadas para trabalhar com crianças, adolescentes e adultos tímidos, principalmente enquanto estiverem muito inseguros e frágeis. É recomendável que o terapeuta acesse as próprias inseguranças e fragilidades para que possa desenvolver uma compreensão empática maior. O tímido aprendeu a não confiar em si mesmo e no outro. À medida que se sente compreendido, relaxa e começa a abrir a possibilidade de confiar em seu terapeuta. O vínculo de confiança será fundamental para que o trabalho seja bem-sucedido.

DISFUNÇÕES DO CONTATO

Diante de tanta fragilidade, a interação do indivíduo tímido com o ambiente é permeada por dificuldades e angústias que o impelem a buscar formas de proteção. Lança mão de atitudes e comportamentos que, por ora, o ajudam a dar conta das dificuldades, mas que não são efetivamente favorecedores de um bom contato com o outro. É o que chamamos de autorregulação neurótica.

Segundo Cardella (1994, p. 43), "a autorregulação neurótica caracteriza-se por um modo de funcionar que 'garante' proteção e segurança ao indivíduo e, paralelamente, dificulta a autorrealização, inclusive de suas potencialidades amorosas [e relacionais]."

> Quando o indivíduo não consegue discriminar o que é "si mesmo" e o que é o outro, cristaliza-se mais próximo ou mais afastado da fronteira, utilizando-se de mecanismos de evitação do contato que são considerados disfunções ou distúrbios de contato. Essas disfunções de contato caracterizam-se por grande rigidez ou grande permeabilidade da fronteira, o que leva o indivíduo ou ao isolamento ou à perda da capacidade de diferenciação e identificação. Em outras palavras, o indivíduo confunde-se com o ambiente, ou isola-se dele. (*ibidem*, p. 42)

Ao longo do processo terapêutico, certamente o terapeuta deparará com as disfunções de contato, presentes na dinâmica psíquica desses pacientes. Grande parte do trabalho abrange sua identificação e elaboração.

Introjeção, projeção, confluência, retroflexão e deflexão são disfunções que fazem parte da psicodinâmica da criança tímida e que abordaremos a seguir, fazendo pequenos recortes de situações e movimentos internos mais frequentes, para podermos refletir sobre cada um deles.

INTROJEÇÃO

Como já mencionado anteriormente, ao longo de seu crescimento, a criança vai construindo um autoconceito com base nas experiências vividas, em relação com as diversas pessoas de seu campo interacional. Partindo da relação com seus pais, passando por irmãos, parentes, professores e coleguinhas, a criança vai recebendo e decodificando, a seu modo, mensagens sobre si mesma que vão sendo introjetadas. Na interação com outras crianças, por exemplo, durante as brincadeiras, podem ocorrer introjeções tais como: "Sou lenta, sou sem graça, não sei jogar direito, não sei fazer nada, os outros não têm por que gostar de mim". Às vezes, os autoconceitos surgem de palavras e frases ditas com certa frequência por pessoas significativas para essa criança. Outras vezes, os introjetos partem de conclusões tiradas por ela a partir de situações vividas. É fundamental que o terapeuta os acolha, aceite e respeite.

É preciso identificar de onde vêm tais conclusões. Que experiências proporcionaram essa decodificação? Que referências sustentam suas crenças e vão permear a decodificação? Por exemplo: "Minha mãe é alta, esguia e sempre fez esportes. Sou gordinha, minhas colegas são mais altas, sei que sou mais lenta e não sei jogar vôlei direito, por isso não sirvo para os esportes e, consequentemente, ninguém quer me escolher para o time". O que disso tudo é de fato da criança e o que é do outro? Será que ela precisa ser esportista para ter valor? Será que precisa jogar vôlei como a mãe? Ela gosta de vôlei? Só é bom no vôlei quem é alto? De fato não é boa para o vôlei ou com tudo isso já se deu a sentença de que não pode ser boa? Já experimentou outros tipos de esporte? De que outras atividades gosta, atividades que poderiam combinar melhor com suas características?

É importante identificar as figuras cristalizadas e ajudar a criança a compreender como tais constructos foram produzidos. Identificando os recursos que tem atualmente, ela pode perceber que as figuras cristalizadas já não fazem mais sentido e que é capaz se autorregular de outra forma.

Vivenciar situações num contexto terapêutico em que possa experimentar-se de forma diferente, alheia a introjetos negativos, pode ajudar a criança a ressignificar suas experiências. Enfim, é preciso auxiliá-la a expandir suas possibilidades e fazer escolhas coerentes consigo própria e com a situação atual.

PROJEÇÃO

A criança tímida carrega consigo muitas angústias – até mesmo raiva e inveja – por causa das frustrações que seus medos e impedimentos lhe proporcionam. Para se defender e de se autorregular, projeta no outro aqueles sentimentos e autoconceitos que lhe são doloridos e difíceis de sustentar. "Não quero ficar com ela. Ela é chata e burra!" "Ele se acha, só porque é capitão do time." "Não me escolheu para o time, ele acha que eu não sei jogar."

Uma pesquisa fenomenológica da situação dada, buscando diferenciar a experiência direta da reflexiva, pode ajudar a criança a ampliar a compreensão de si mesma, de como se comporta diante dos fatos. "Ele disse que não te queria jogando? Ele disse que você não sabe jogar ou você acha que ele pensa dessa forma? Você demonstrou que queria jogar? Como? Aproximou-se? Falou para o professor ou para o capitão do time? Com que tom de voz? Você está certo de que ele o ouviu?" Novamente, discriminar o que é dela do que é do outro possibilita que a criança tome posse de si mesma. Para a criança um pouco mais velha, é de grande valor que conheça seu funcionamento, para que possa dar-se conta de como age quando está com medo, frustrada ou angustiada. Ter clareza sobre sua dinâmica interna ajuda-a a tornar-se menos refém de si mesma. Dar-se conta do que está sentindo e de como tende a reagir diante de tal situação traz-lhe a possibilidade de escolher agir de outra forma. Libertar-se de certos padrões de funcionamento é uma forma de resgatar a potência e, consequentemente, sentir-se mais forte. Quando o problema está colocado no outro, não há nada que se possa fazer para melhorar essa situação. À medida que a criança se apropria da sua parte na interação, pode desenvolver recursos para tornar a situação mais favorável.

CONFLUÊNCIA

A criança com menor grau de timidez, por se sentir muito desamparada, tende a buscar fontes de apoio para conseguir pertencer a um grupo. Em geral, encontra um colega também um tanto tímido ou mais quieto, com quem faz uma parceria em que um ampara o outro. Esse colega passa a ser essencial para ela e, por isso, tende a abrir mão de si mesma. Conflui com as necessidades e interesses do amigo ou do ambiente. Precisa agradar para sentir-se aceita. Confluir é uma forma de não precisar dizer não ou discordar e, ao mesmo tempo, não se angustiar. Se a criança abre mão de seus desejos, fica mais fácil deixar que o outro faça as escolhas e tome as iniciativas por ela. Isso a coloca em um lugar confortável, mas não saudável, pois é uma forma de se manter frágil, insegura, dependente do outro e, portanto, com a autoestima muito baixa – fatores que impedem seu crescimento psicológico e a mantêm passiva diante da vida.

Mais complexa ainda é a situação em que a aliança é feita com uma criança egotista o que, em geral, faz que a criança tímida e insegura fique a serviço das necessidades narcísicas da outra.

A ampliação do contato consigo própria e a *awareness* são caminhos para ajudar a criança a diferenciar-se do colega. Ajudam a criança a ver quem ela é e quem é o colega. Como ele é? Quais são as semelhanças e as diferenças entre eles? O que realmente faz sentido e pode aproveitar para si como aprendizagem? O que não lhe serve, não faz sentido e pode então dispensar? Consegue identificar as necessidades narcísicas do colega. Como a criança se sente com relação a ele? Quais são as outras possibilidades que o campo oferece? O que tem para proporcionar ao outro? Essa é uma das questões mais importantes a ser trabalhadas, pois a criança tímida realmente acredita e sente que não tem nada de interessante e importante a oferecer. No entanto, só poderá chegar a essa resposta à medida que for se diferenciando do outro e tomando posse de si mesma, pois oferecer algo implica dar alguma coisa a alguém. A delimitação da fronteira eu-outro já deve estar feita.

No trabalho com o adolescente ou com o adulto que conflui com as necessidades narcísicas de um de seus progenitores, é muito importante ajudar o paciente a dar-se conta da dinâmica de estar emocionalmente a serviço de seu pai ou de sua mãe. Diferenciar-se do progenitor com quem conflui, em geral, leva à descoberta de ter abandonado a si mesmo e à constatação do quanto não foi visto e atendido em suas reais necessidades pelo progenitor. Confirmar o paciente em suas necessidades é ajudá-lo a dar voz a elas e a encontrar energia para buscar outras fontes de nutrição e apoio mais saudáveis.

RETROFLEXÃO

Em geral, a pessoa tímida chega a identificar seus desejos e a mobilizar energia motivadora para ir em busca de satisfação. Porém, ocorre um bloqueio no momento da canalização da energia para a ação no ambiente; em função das agruras inerentes à timidez, a ação não acontece. A criança fica inundada de excitação misturada com raiva de si mesma por sentir-se mais uma vez incapaz. Não apenas os desejos e necessidades não são expressos, como também a raiva não pode ter vazão, pois a criança tímida não tem autossuporte para sustentar seus sentimentos. Não consegue propor, discordar e muito menos confrontar o outro, o mundo. Essa energia, então, volta para si mesma, aumentando a sensação de fracasso e a certeza de que há algo errado com ela. Em casos mais sérios, podemos encontrar somatizações ou até mesmo a depressão como reação a um contexto interno de tantas dificuldades e frustrações.

Além do trabalho descrito anteriormente, é interessante ajudar a criança a dar-se conta de seus desejos, da energia mobilizada e do momento da paralisação. Ajudá-la a sentir-se encorajada a experimentar uma ação que realize, ao menos em parte, os seus desejos. É essencial identificar o que está presente no impedimento da ação. Quais são os medos? Quais as fantasias em relação às respostas do ambiente? Como poderia lidar criativamente com cada situação imaginada e temida? Uma sugestão é o trabalho com a cadeira vazia, para fazer emergir as fantasias que se encontram como pano de fundo no momento do bloqueio da ação e, assim, trabalhá-las Outra sugestão é a dramatização: o cliente se experimenta em uma fala ou em uma atitude, junto com o terapeuta, na segurança que o *setting* terapêutico oferece. A arte é outro recurso poderoso para trabalhar a expressão de emoções. Há atividades e materiais específicos como pintura a dedo, anilina, argila etc. que favorecem o processo expressivo. Em geral, a criança com dificuldade e, ao mesmo tempo, com necessidade de se expressar, aceita muito bem a proposta de trabalhar com recursos artísticos. Alguns adolescentes e adultos também aceitam, mas é fundamental que o terapeuta esteja habilitado a trabalhar com arte. É prudente assinalar que apenas a expressão dos sentimentos não é suficiente para o trabalho com a retroflexão, ou para o trabalho terapêutico em geral. Nomear, dar sentido, contextualizar e elaborar os sentimentos expressos são ações fundamentais para que o trabalho seja completo e possa reverberar no mundo interno do cliente.

DEFLEXÃO

As situações que causam vergonha para a criança tímida são tão temidas que, em geral, ela não consegue identificar nenhum desejo ou prazer em relação a essas situações. "Não quero ir ao aniversário. Não gosto de festas, são muito barulhentas". Ou o adolescente: "Não me importo de ficar sozinho, gosto de ficar ouvindo música".

Uma das formas de evitar o pânico de se sentir inseguro, envergonhado e subjugado é defletir seus desejos, necessidades e sentimentos. Para algumas pessoas, esse mecanismo é tão frequente que, literalmente, não sabem o que querem, o que sentem ou do que precisam. Suas figuras não são nítidas e sua identidade parece não ter contorno claro. Encontram-se muito distantes de si mesmas e de seus sentimentos, por isso é necessário resgatá-las. Experimentos que ajudem a criança a entrar em contato com seu corpo, bem como materiais de arte que propiciem a exploração de seus sentidos podem ser um bom caminho para iniciar a descoberta de si mesma. O corpo e os sentidos são concretos, portanto facilitam o contato e ajudam o indivíduo a apropriar-se de si mesmo. A partir daí, é possível ajudá-lo a identificar seus desejos e necessidades.

É preciso que o paciente aprenda a encontrar apoios internos e externos que minimizem o incômodo da vergonha e o ajudem a suportá-la.

Com relação aos apoios internos, antes de tudo é necessário ajudá-lo a aceitar-se como uma pessoa tímida. Terá de aprender a conviver com isso sem que isso o impeça de crescer e viver com qualidade. Quanto mais a pessoa tímida luta contra a timidez, menos se aceita e, portanto, mais se fragiliza. Quanto mais se idealiza e exige de si ser uma pessoa extrovertida, mais se recrimina e, consequentemente, enfraquece qualquer possibilidade de autossustentar-se. É um círculo vicioso: quanto mais se fragiliza, mais se sente insegura, mais se critica e maior fica a vergonha. É preciso aceitar-se. É preciso reconhecer que pode ser – e é – amada e querida como é.

É fundamental que o paciente não se exija por aquilo que não pode responder. Para um adolescente muito tímido, por exemplo, é praticamente impossível chegar sozinho em um bar ou, para a criança, é insuportável ir a uma festa sem sua única amiguinha. Assim, é preciso aprender a tomar providências para garantir a presença de suportes externos, como ir junto com um amigo que de fato o apoie, ou marcar encontro na porta. Tanto para a criança como para o adolescente e o adulto tímidos, é fundamental que possam ir embora quando não estiverem aguentando mais ficar. Saber que têm autonomia para decidir quando se retirar da situação lhes traz segurança e, portanto, torna mais fácil enfrentar as dificuldades.

É imprescindível que se permita à criança ou ao adolescente ser como é. Pode estar em um grupo, participando na medida e da forma que lhe for confortável. Não precisa falar se não se sente à vontade. Basta prestar atenção e acompanhar o grupo. Porém, muitas vezes as pessoas cobram mais participação: "E você, não vai falar nada?" ou "O que você acha disso, Fulano?" Esse é um dos piores momentos para o tímido que se cobra violentamente e não se aceita. Simplesmente, tudo que ele acha e está pensando some em fração de segundos e um perturbador branco toma conta de sua mente. Fica sem graça, começa a tremer e a voz não sai. Fica com vergonha por estar envergonhado e não poder corresponder às expectativas do meio.

Conseguir dizer que está bem assim, que está acompanhando a conversa e que quando quiser vai falar é uma forma de aceitar a timidez e lidar com ela. Confortar a si mesmo traz suporte interno; exigir-se no que não pode e não é quebra as próprias pernas.

Outro apoio interno são os suportes biológicos. Para o menino, a força e a habilidade física têm um importante correspondente emocional, assim como a beleza tem para a menina. No caso das meninas, ajudá-las, na medida do possível, a sentir-se mais fortes, hábeis e graciosas pode contribuir para o fortalecimento da autoestima. Atividades como futebol, judô, natação e balé para as crianças, academia para modelar o corpo para os adolescentes, e dança para as garotas podem favorecer uma autoimagem mais positiva, bem como o contato com jovens de sua idade. Ajudá-los a se sentir adequados ao ambiente e em pé de igualdade com os colegas contribui para minimizar o complexo de inferioridade que acompanha o adolescente e a criança tímida.

O suporte cognitivo é outro fator que contribui para que o indivíduo tímido sinta-se um pouco mais seguro. Aliás, o saber serve de apoio para muitos adultos, que acabam usando o conhecimento como ferramenta para se colocar no mundo e dele participar. O suporte cognitivo também ajuda a criança ou o adolescente a se organizar e a lidar com situações cotidianas simples, mas que para eles são extremamente complexas e angustiantes, como dizer ao professor que perdeu o casaco ou entrar em uma loja para trocar um presente. Apesar de muito simples, a tarefa pode parecer tão difícil que o pensamento fica paralisado. Ajudá-los a encontrar as palavras e de que maneira podem falar, algumas vezes é suficiente para perceberem que a missão não é tão grande assim e que é possível realizá-la. Ensaiar um diálogo ou trabalhar com as diversas possibilidades da situação são formas de antecipar a experiência através de um pressuposto vivido. Ainda assim, é trabalhar com o que o cliente está experimentando no momento presente de uma situação que está por vir. Esse trabalho favorece a emergência dos medos e das fantasias que, por antecipação, paralisam e aprisionam o indivíduo tímido. Essa deve ser uma oportunidade para o cliente experimentar, em um ambiente seguro, entrar em contato com aspectos de si mesmo, até então alienados, que favoreçam a ação.

Perls (1947) falava da importância da energia agressiva para o crescimento emocional saudável. É fundamental que a criança tímida possa fazer contato com seus aspectos agressivos, que em geral estão alienados ou retrofletidos.

> A energia agressiva é essencial para os processos de discriminação e diferenciação, que possibilitam ao indivíduo fazer escolhas saudáveis. Na medida em que podemos identificar e fazer uso da "agressividade construtiva" passamos a aprimorar nosso senso crítico e a desenvolver maior proatividade diante da vida. Vamo-nos construindo com base no autorrespeito e na coerência interna, o que possibilita o estabelecimento de diálogos e relações mais genuínas. (Nogueira, 2007, p. 20)

O trabalho com a autoestima permeia todo o processo terapêutico. Em função da alta expectativa com relação a si própria e do desejo de ser quem não é, a criança acaba por impor-se uma constante sensação de impotência. Via de regra, não sabe do que é capaz. É fundamental que descubra e tome posse de seu real potencial e abandone suas idealizações e fantasias a respeito de si mesma. À medida que a pessoa tímida se aceita e se permite estar no ambiente da maneira como pode estar, começa a sentir um pouco mais de possibilidade interna de participar dele. Quanto mais participa, a seu modo, mais vai reunindo experiências, amadurecendo e lapidando seu suporte interno. Ao se fortalecer, naturalmente o desejo de fazer parte se amplia. Ao participar, ampliam-se as fronteiras, ampliam-se as experiências e novos ajustamentos criativos fazem-se necessários. A criança faz descobertas sobre si mesma; consequentemente, surgem novos constructos internos a respeito de si. Têm início, então, a melhora da autoimagem e o fortalecimento da autoestima.

Como pudemos ver ao longo deste trabalho, a timidez é um profundo e complexo processo existencial, permeado por aspectos biológicos, emocionais e relacionais que dificultam em grande parte o livre fluir do crescimento.

Crescer é "nova-idade". Implica o desejo e a busca do novo, do diferente, ou seja, do outro. No encontro, o novo revela-se e o indivíduo descobre a si mesmo. Cresce e constrói seu mundo com base em interações significativas.

O encontro terapêutico oferece à pessoa tímida a possibilidade de se restabelecer e ampliar seu desenvolvimento pessoal.

> Meu coração disparava alto, o suor escorria gelado, o medo tomava conta de meu peito, minha respiração parecia sumir... e uma vontade louca de desaparecer para sempre! Enfrentar mais de cinco pessoas ao mesmo tempo me fazia sentir observada por todos os olhos e julgamentos ali presentes! Entrar em uma festinha sozinha, levantar a mão e fazer uma pergunta em sala de aula, sentir-me paquerada por algum menino da classe, brincar com outras crianças no recreio, apresentar um seminário na frente da classe [...]

eram as piores torturas e os mais terríveis desafios. O olhar e a aprovação do outro eram fundamentais para mim [...] e de tão fundamentais [...] tornavam-se um desafio insuportável. E de tão insuportável [...] meu impulso era fugir. Fugia para o banheiro, para o colo de meus pais, para o chocolate... O outro tornava-se tão fundamental [...] que a necessidade de ser reconhecida e aceita tornava-se uma condição. E essa condição, uma verdadeira autotortura. Com o passar dos anos, ao longo de um profundo processo terapêutico, minha autoexigência tornou-se mais flexível. Com uma autoaceitação e percepção mais maduras, fui me dando conta de que aqueles olhares que eu desconfiava dirigidos sempre com julgamento a mim [...] eram projeções de meus próprios medos e autocobranças. A ameaça deixou de morar fora de mim... e tomei consciência de que ela morava era dentro de mim. Assim, minha timidez deu lugar a um novo e difícil desafio: vencer meus extrovertidos e agressivos monstros internos!!!! Hoje não sou mais uma pessoa tímida. Apesar de ainda ficar apreensiva quando tenho que me expressar publicamente, lido com esse desafio com mais segurança e facilidade. Cresci muito profissional e pessoalmente. Tornou-se muito mais fácil estar com os outros. Meus monstros internos não me impedem de me relacionar e me expressar de uma maneira mais autêntica e leve! Hoje tenho muitos amigos e sinto prazer em me relacionar e conhecer pessoas novas. A criança tímida segue habitando em mim... mas seu espaço é pequeno. Ela apenas observa e me observa. (M. G., 46 anos)

CONSIDERAÇÕES FINAIS

Este capítulo objetiva principalmente auxiliar o profissional psicoterapeuta a ter noção de como é intenso o estado existencial da timidez. Talvez, como diz o depoimento anterior, a timidez nunca se extinga por completo. Porém, é preciso ajudar o cliente a reconhecer e a cuidar da criança interna que provavelmente o acompanhará ao longo da vida e, em alguns momentos, manifestará sua presença. Quanto antes a pessoa tímida for submetida ao tratamento psicoterapêutico, tanto melhor.

A criança pequena está em plena construção de sua identidade; é mais versátil e plástica. Suas experiências de desamparo diante de um mundo ameaçador ainda não são muitas. É provável que suas vivências e autoconceitos ainda não estejam cristalizados e sejam passíveis, mais facilmente, de transformações. Experiências positivas e vivências criativas tendem a contribuir para um processo de crescimento saudável, que, por sua vez, favorece um senso de eu mais fortalecido e autônomo. Assim, é possível uma passagem emocionalmente mais tranquila pela adolescência e uma chegada produtiva e fértil à vida adulta.

REFERÊNCIAS BIBLIOGRÁFICAS

AXIA, G. *A timidez: um dote precioso do patrimônio genético humano*. São Paulo: Paulinas/Loyola, 2003.

BRIGGS, D. *Criança feliz: o desenvolvimento da autoconfiança*. São Paulo: Martins Fontes, 1986.

CARDELLA, B. *O amor na relação terapêutica*. São Paulo: Summus, 1994.

D'ACRI, G.; LIMA, P.; ORGLER, S. *Dicionário de Gestalt-terapia: gestaltês*. São Paulo: Summus, 2007.

FERNANDES, M. B. e cols. "A gênese da construção da identidade e da expansão de fronteiras na criança". *Revista de Gestalt*, n. 7, São Paulo: Departamento de Gestalt Terapia do Instituto Sedes Sapientiae, 1998.

______. "Reflexões sobre o desenvolvimento da criança sob a perspectiva da Gestalt-terapia". *Revista de Gestalt*, n. 4. São Paulo: Departamento de Gestalt Terapia do Instituto Sedes Sapientiae, 1995.

OAKLANDER, V. *Descobrindo crianças.* São Paulo: Summus, 1980.

PERLS, F. *Ego, hunger and agression.* Nova York: Random House, 1947. Em português: *Ego, fome e agressão – Uma revisão da teoria e do método de Freud*. São Paulo: Summus, 2002.

RIET, Van De. *A Gestalt Therapist's view of shame and guilt*. Lecture Notes Revised. Summer, 1997.

TIERNO, B. *Os filhos e o ambiente.* São Paulo: Paulinas, 1995.

WHEELER, G. "Shame in two paradigms of therapy". In: LEE, R.; WHEELER, G. (orgs.). *The voice of shame*. San Francisco: Jossey-Bass Publishers, 1996.

YONTEF, Gary. *Processo, diálogo e awareness: ensaios em Gestalt-terapia*. São Paulo: Summus, 1998.

6

ABANDONO, ABRIGAMENTO E ADOÇÃO: O QUE OS PAIS PRECISAM SABER SOBRE AS CRIANÇAS E A REALIDADE DOS ABRIGOS

MÔNICA XAVIER DE BRITO E SHEILA ANTONY

A proposta deste capítulo é apresentar o funcionamento psicológico das crianças em situação de abrigamento e apontar como a experiência precoce do abandono, que suscita um profundo sentimento de rejeição, pode afetar seu desenvolvimento emocional saudável e consequentemente seu processo de adoção.

A partir de nossa longa experiência em abrigos de crianças, com adotados e adotantes, trataremos do drama emocional vivido por essas crianças sob a luz da teoria da Gestalt-terapia. É surpreendente como elas tentam se ajustar criativamente ao ambiente institucional, repleto de incertezas quanto ao futuro e poucas experiências de contato amoroso, recorrendo a mecanismos de defesa que visam protegê-las de intensos sentimentos de desamparo, insegurança e rejeição arraigados em seu íntimo. Abordamos aqui, como o abandono, a separação precoce da família e a privação do contato corporal primário com a figura materna afetam também sua capacidade de autorregulação, interferem em seus cuidados corporais e criam sintomas psicossomáticos. Esses ajustamentos defensivos que perturbam sua autorregulação produzem certos bloqueios do contato que interrompem a fluidez do ritmo saudável do Ciclo do Contato, postulado pela Gestalt-terapia.

Temos ainda como objetivo alertar os profissionais para o grave problema social e psicológico vivido por essas crianças durante um processo de adoção malconduzido pelos órgãos responsáveis e pela própria instituição, gerando uma adoção malsucedida e a consequente devolução da criança ao abrigo. Em função da necessidade dessas questões psicossociais serem melhor direcionadas, apresentaremos propostas de intervenção para esclarecer os candidatos a pais adotivos e os responsáveis pelos abrigos sobre os passos essenciais a serem seguidos para que a adoção transcorra de maneira satisfatória e duradoura.

É importante que todas as partes envolvidas – criança, abrigo, pais adotivos e órgãos sociais – tenham conhecimento do que uma vivência de abandono na primeira infância pode significar para essa criança e como cada uma delas reage diferentemente a esse drama. Essas crianças demonstram que o que mais precisam é de amor incondicional e compreensão, pois só assim poderão superar a dor da separação precoce, da rejeição primária, da perda das figuras parentais e, principalmente, da perda da esperança de ser capaz de construir um futuro saudável.

A IMPORTÂNCIA DA RELAÇÃO PRIMÁRIA MÃE-BEBÊ

A teoria da Gestalt-terapia sustenta que pessoa e meio ambiente formam uma unidade indissociável em que ambos mantêm entre si uma influência mútua e uma constante interação dinâmica, propiciando múltiplas possibilidades de experiências, comportamentos e configurações psicológicas. Para Perls (1981), o indivíduo só pode ser compreendido num campo circundante, onde o seu comportamento está em função do campo total. É o tipo da relação entre a pessoa e o seu meio que orientará a formação da sua personalidade e determinará seus comportamentos. O enfoque na relação, que considera sempre o campo fenomenológico das experiências, é um dos pilares da Gestalt-terapia, que cria o conceito de contato como norteador da sua compreensão da existência humana e da sua prática clínica. O contato enuncia a condição ontológica do ser humano como ser de relação, que existe fundamentalmente como ser-com-o-outro-no-mundo. Nascemos da interação, da comunicação, do encontro com um outro ser. Somos seres para o contato.

Desde o útero, o bebê mantém uma relação biopsicofísica com a mãe. No interior do organismo da mãe, ele vive uma fusão plena do seu corpo com o corpo da mãe, que serve de filtro emocional e nutricional para o bebê. Após o nascimento é rompida essa conexão física, mas a confluência emocional permanece, uma vez que o bebê ainda não se percebe como um ser existente e diferente da mãe. A partir da separação física definitiva desses dois corpos, inicia-se o processo de diferenciação psíquica entre o eu e o não-eu. Esse processo será bem-sucedido se a mãe for capaz de deixar de querer continuar fundida à criança, aceitando e incentivando o desenvolvimento de sua autonomia e independência.

Ao longo do processo de individuação, a criança sofre algumas angústias básicas, como a separação, a perda do amor, a morte. Segundo Antony (2006), o nascimento dá início ao drama relacional da união/separação que constitui a Gestalt original inacabada e que se perpetua até a vida adulta. A angústia da separação suscita o medo do abandono, e crianças que sofrem separação precoce apresentam reações de ansiedade e sentimentos de insegurança e desamparo. Quando crianças pequenas são abandonadas ou afastadas de seus pais por um longo tempo sofrem o que Antony (2006) chama de angústia da ausência da presença. Já experimentaram a existência dos pais, porém ainda não construíram uma representação interna desses cuidadores, o que gera o sentimento de desespero pelo afastamento, desaparecimento e perda das figuras parentais. Por se encontrarem em um período de dependência, de cuidado, a criança pode fixar-se em um estado de carência afetiva que a impulsiona a buscar nas relações interpessoais futuras a satisfação de suas necessidades de cuidado, amor e proteção. Essa condição pode tornar confusas as fronteiras entre ela e o outro e provocar uma incapacidade de se diferenciar do outro, levando-a a acreditar que sem o outro ela não existe.

São as experiências positivas de cuidado, proteção e contato físico na relação com a mãe nos primeiros anos de vida que criam o sentimento de segurança na criança, enquanto as experiências dolorosas de abandono, negligência e rejeição resultam em insegurança, falta de confiança, sentimentos de hostilidade e baixa autoestima. Para a criança, é indispensável a presença amorosa e cuidadora.

Ribeiro (1985) postula que o ser humano é capaz de se autogerir e se autorregular. Contudo, nenhum organismo é autossuficiente e se autorregula sozinho. Todos os indivíduos se autorregulam com base nas trocas ambientais que realizam, tanto com o mundo como com o outro. A autorregulação é um processo interno inerente ao organismo que o direciona na busca da conservação do seu bem-estar. "*Buscamos o tempo todo a autorregulação organísmica, equilibrando da maneira que nos for possível as forças existentes no meio do qual fazemos parte*" (Rodrigues, 2000 p. 81). As necessidades internas essenciais de um recém-nascido, como fome e sede, se não forem atendidas prontamente, podem tornar-se uma experiência fixada de tensão, desconforto e dor. Para o desenvolvimento sadio do organismo, a necessidade mais dominante (quer seja fisiológica ou psicológica) deve ser prioritária na ordem da escolha de sua satisfação. O adiamento constante do atendimento dessas necessidades poderá comprometer as futuras relações sociais da criança, pois a satisfação das necessidades básicas primitivas está entre as mais importantes experiências sensório-afetivas do bebê e é responsável pela formação do sentimento de segurança e confiança no outro, bem como da confiança no próprio processo de autorregulação. A criança que não recebe o amor maternal provedor em seus primeiros anos de vida pode tornar-se inadequada em suas relações sociais. E crianças que não puderam desenvolver a autoconfiança e a confiança nos outros no princípio da vida, segundo Schettini Filho (1998), tendem a ser emocionalmente instáveis durante toda a adolescência.

É no lar, junto aos cuidadores parentais, que ocorre a primeira fase da aprendizagem social, quando as necessidades psicológicas ganham tanta importância quanto as físicas. Percebemos que é comum em crianças abrigadas a falta de confiança em si e nos outros. Existe um certo medo de se revelarem e uma dificuldade em formar vínculos afetivos, já que para elas ter vínculo traz o risco de abandono. A privação que a criança abrigada sofre do contato físico e afetivo materno durante a primeira infância compromete a sua capacidade de autorregulação cuja perturbação irá afetar o desenvolvimento emocional saudável da criança. O corpo tem uma sabedoria inata e quando a criança bloqueia o contato com o corpo, não consegue reconhecer e hierarquizar suas necessidades, o que a levará a agir de forma difusa e confusa, sem direcionamento em suas escolhas. Daí podemos entender a quantidade de crianças abrigadas que desenvolvem o sintoma de hiperatividade.

Ajustamo-nos criativamente ao meio sempre que estamos em interação ativa com o outro, explorando o mundo ao nosso redor e descobrindo novas possibilidades de respostas à situação. Os ajustamentos deixam de ser criativos quando nos fixamos em um padrão de percepção, comportamento e interação, criando mecanismos de proteção a elementos no ambiente que venham a ameaçar nossa existência e sobrevivência psíquica. Esses comportamentos repetitivos tornam-se ajustamentos defensivos em resposta às tensões do ambiente; acabam por limitar a existência e a capacidade de autorrealização do indivíduo. Se o contato inicial da criança é marcado por abandono e maus tratos e o seu corpo é objeto de agressões, forçando-a a funcionar com uma sobrecarga de tensão física e emocional, a resposta a este ambiente hostil poderá ser alguma forma de doença psicológica. Toda e qualquer forma de violência perturba a organização interna natural do organismo na identificação dos objetos no meio que satisfarão a necessidade dominante.

Quando a criança depara com uma situação intolerável e ao mesmo tempo inevitável, as condutas de resistência (que são defesas psicológicas ou mecanismos de bloqueio do contato) confundem o processo interno de autorregulação, diminuindo a capacidade de autossuporte que lhe confere segurança para enfrentar situações de tensão. A criança abrigada vive um permanente estado de estresse que escapa à sua compreensão cognitiva. Ela se ajusta criativamente, mas com pouca *awareness* de si e dos fatos que ocorrem no aqui e agora, não estabelecendo relações de significado entre o que sente e suas experiências atuais e passadas.

Portanto, as primeiras experiências afetivas da criança com a mãe são de extrema importância para o modo como a criança vai estar no mundo em relação ao outro. Amamentar não é somente importante para a nutrição física do bebê, mas também para a nutrição emocional. O mamar, os cuidados higiênicos, as brincadeiras – tudo aquilo que é feito com a criança – deve ser acompanhado de um ritual prazeroso permanente para aquele que cuida. O importante não é a mãe em si, mas a presença de uma figura materna estável, que seja capaz de dar amor, criar laços e oferecer segurança ao bebê. Crianças que cresceram em instituições, apesar de todos os cuidados alimentares, higiênicos e médicos, andam e falam tardiamente, têm uma noção pobre de esquema corporal e uma dificuldade de estabelecer ligações significativas.

A CRIANÇA ABRIGADA

Todos os dias chegam bebês nos abrigos. Muitos deles sofreram desde negligências a maus tratos. Segundo Mussen (1963), bebês que crescem em abrigos emocionalmente frios, que não recebem estímulos e nem atenção individual tendem a ser passivos, inativos, infelizes e emocionalmente perturbados. Para esse autor, não é somente no campo social que essas crianças terão prejuízos; também podem apresentar um atraso no desenvolvimento da área cognitiva. Não são raras as dificuldades de fala e linguagem, por exemplo.

Observamos que as crianças abrigadas precocemente apresentam falta de autodomínio emocional e comportam-se de forma mais agressiva. É muito comum encontrar crianças hiperativas ou com sintomas de hiperatividade nos abrigos. Assim como também encontramos crianças apáticas, regredidas e sem energia, com um aparente déficit cognitivo cuja causa é a falta de estímulos afetivos e relacionais. Esses atrasos de desenvolvimento que ocorrem em crianças de instituições são atribuídos à ausência de contato, de trocas afetivas e da relação primária com a figura materna.

Rappaport *et al.* (1981) cita Goldfarb, o qual afirma que crianças abrigadas com alto grau de privação tendem a fixar-se nos níveis mais primitivos do comportamento conceitual e emocional, geralmente apresentam fraco desenvolvimento na organização emocional, no relacionamento social e na habilidade intelectual. Em seu comportamento, pode ser observada uma passividade generalizada tão intensa que a impede de buscar novos tipos de estímulos oferecidos pelo ambiente, incluindo os provenientes do relacionamento humano. Notamos que o processo de adoção dessa criança, apesar de ser muito desejado por ela, é vivido com muita tensão, pois a possibilidade de constituir uma relação com um vínculo afetivo duradouro é assustadora, se não aterrorizante, por trazer à tona o medo do abandono e de todas as angústias mais primitivas que guarda consigo.

Para Schettini Filho (1998), o fato de alguém gerar uma criança não cria automaticamente uma relação de afeto. Se a mãe não olhar afetivamente para o seu filho e não tiver atitudes de valorização, confirmação, proteção e cuidado poderá despertar sentimentos de rejeição e a crença de que não merece o amor do outro. A criança, por sua vez, não ama sua mãe pelo fato de ter sido gerada em seu útero, mas cria esse sentimento na medida em que suas necessidades são preenchidas.

A criança abrigada, no geral, viveu uma gravidez rejeitada. Entra em contato com a dor da rejeição muito cedo e vive essa realidade por muito tempo. Carrega essa dor ao longo de seu desenvolvimento, confirmando a crença de que não merece o amor do outro; muitas se comportam de forma a serem sempre rejeitadas. Quando está no abrigo, a falta do afeto e do olhar individualizado para a sua existência faz permanecer a dor do abandono. Por ter introjetado um conceito de que é má e merecedora de ódio, provoca o outro para que a trate mal.

A situação de abrigamento, na forma mecanizada e muitas vezes sem afeto em que essas crianças são tratadas, pode desencadear comportamentos problemáticos, que são, na realidade, mecanismos de defesa construídos no intuito de compensar os conflitos internos vividos que provocam uma desarmonia em suas relações. Schettini Filho (1998) cita alguns exemplos dessas alterações de comportamento, como o retraimento do convívio com as pessoas por medo de marginalização. Outras crianças desenvolvem a atitude de agradar os outros em tudo o que for possível para serem aceitas, e assim disfarçar a fantasia da rejeição primária ("já que fui abandonada e rejeitada por minha mãe serei por todos"), o que configura o ajustamento defensivo da proflexão. Outras, ainda, buscam a solução para sua angústia de rejeição, assumindo uma conduta contestadora e confrontadora que conduz à agressividade. A agressividade nesses casos constitui uma projeção dos seus sentimentos, cujo processo bloqueia a consciência de sua própria rejeição e raiva do mundo, não representando um ataque gratuito ao ambiente rejeitador.

Esses comportamentos acontecem porque a criança não tem uma compreensão dos motivos de ter sido afastada de sua mãe: sente-se rejeitada e assim sempre espera uma nova rejeição. O fato real do abandono suscita na criança a crença de não ter sido capaz de despertar o amor de seus pais biológicos, sentimento que interfere na relação com os pais adotivos e que produz uma interrogação que se transforma no medo de uma segunda rejeição parental.

Para Winnicott (1996), é de extrema importância para qualquer criança conhecer sua história de vida e a criança abrigada, mais do que a criança que tem uma família, precisa do resgate de suas raízes, da sua história. Recuperar uma parte de sua vida regressa traz um sentimento bom e verdadeiro, ajuda a distinguir a realidade dos sonhos e das brincadeiras imaginativas. Não são todos os abrigos que se preocupam em coletar as histórias de vida dessas crianças. Isso é mais complicado ainda no caso daquelas crianças que nunca tiveram a visita de seus pais, tornando mais intenso o sentimento de rejeição. Se tivessem alguma informação sobre sua vida antes do ingresso no abrigo, talvez se sentissem mais confortadas e isso as ajudaria a ter maior consciência do todo da sua vida e da continuidade de sua existência, para que pudesse construir um senso de identidade. Muitas vezes, fantasiam sobre os "porquês" do abandono, ora culpando a mãe, ora mistificando a imagem da mãe. O conhecimento sobre sua história ajuda na significação do passado, na construção do futuro e na recuperação de sua saúde mental e emocional.

A ADOÇÃO TARDIA

É considerada adoção tardia a adoção de crianças com idade superior a 3 anos. A partir dessa idade, cada ano que passa torna mais difícil a chance de adoção dessas crianças. Segundo Camargo (2006), a preferência no Brasil é por crianças de até 3 anos. Crianças mais velhas, principalmente adolescentes, terão melhores possibilidades de adoção no cadastro internacional. Além da idade, existe outra preferência nas adoções – crianças brancas. Entretanto, a maior parte das crianças que estão para adoção nos abrigos são negras ou pardas.

Além de não serem a preferência nos pedidos de adoção, crianças mais velhas e adolescentes vivem mais um drama quando estão em processo de adoção: "a devolução". É uma prática comum nos casos de adoção tardia no Brasil a devolução da criança ao abrigo, depois de certo tempo na casa dos pais adotivos. Chamamos isso de adoção malsucedida. É justamente no período mais difícil de adaptação, tanto para a criança quanto para a família, que as devoluções acontecem. Geralmente ocorrem quando a família não procura nenhuma ajuda para entender os conflitos que a criança enfrenta e lidar com eles. A integração da criança em uma família é sempre difícil, pois ela permanece vivenciando o luto das ligações afetivas anteriores.

O medo do abandono está sempre presente no cotidiano das crianças abrigadas, por isso apresentam uma imensa dificuldade em estabelecer um vínculo afetivo. Nada no abrigo é favorável à criação de um vínculo, pois tudo é transitório. Até ela mesma pode ser adotada e ir embora, nunca mais voltando àquele lugar. Quando crianças mais velhas são adotadas, elas sabem da possibilidade de devolução, algumas já vivenciaram isso, e o sofrimento pelo rompimento do vínculo é tão grande que muitas crianças preferem nem investir no vínculo. Para os pais adotivos, é muito difícil entender isso porque estão dispostos a dar somente amor ao filho adotivo.

Apesar do esforço dos abrigos em oferecer à criança um ambiente semelhante ao de uma família, é comum que algumas crianças não tenham desenvolvido uma representação total de pai e mãe, o que pode ser muito frustrante para os pais adotivos. Certa criança, quando perguntada sobre como um pai se relaciona com um filho, respondeu que dão muito amor e carinho, nunca brigam e que o filho não tem obrigações. Só recebem muito amor. A sua representação além de regredida é parcial e revestida de uma imagem simbólica de um pai bom, tolerante e que não a pune nem a ameace de perda de amor. Quando a criança percebe que uma determinada família está indo visitá-la com o intuito de iniciar um processo de adoção, ela intencionalmente já usa a palavra pai e mãe. Os futuros pais adotivos pensam que a criança já tem o afeto designado a eles como pai e mãe. Porém, o que a criança experimenta é a concretização do desejo de ter alguém a quem chamar de pai e mãe sem reconhecer toda a complexidade da relação parental de poder, autoridade, amor e frustração. Na medida em que a família vai convivendo com a criança, percebe que a relação de afeto ainda precisa ser construída e que, muitas vezes, existe muita dor a ser superada pela criança para que ela possa abrir-se a um vínculo afetivo. A família então se frustra e pode vir a desistir da adoção.

A adoção tardia necessita de um empenho grande dos adotantes para construir uma relação pais-filho saudável. A criança realmente exige mais dos pais, testando-os frequentemente como se tivesse querendo checar a disponibilidade de amor desses pais. Ao longo da convivência, Schettini Filho (1998) afirma que os pais terão de enfrentar a complexa tarefa de ter um outro ser em casa, já com uma vivência passada, que não foi "moldado" de acordo com os princípios da família. Construir esse vínculo exige esforço e dedicação. No princípio, a criança reage bem e a família tende a pensar que os problemas foram superados. Conforme a criança adquire autoconfiança, vai ganhando também a capacidade de sentir-se furiosa com o abandono já ocorrido. Os pais adotivos, de tempos em tempos, serão o alvo do ódio da criança e, se quiserem ter uma adoção bem-sucedida, precisam aceitar ser continente para a expressão real do ódio direcionado aos pais que formam o primeiro lar experimentado por essa criança. É comum ver os pais decepcionarem-se com a criança por serem objeto de sua agressividade. O apoio psicológico precisa ser tanto para a criança quanto para os pais a fim de que a adoção se concretize com sucesso. Além dos pais terem de servir como suporte para essa criança, eles deparam com seus próprios limites emocionais e com a percepção de que o filho que ele idealizou é diferente do filho que ele tem, conflitos esses que afloram na medida em que convivem com a criança. A criança abandonada é uma criança sofrida, e não é só a mudança de ambiente, representativo de um novo campo relacional (uma casa, um lar, uma família), que irá curar a sua dor. Para ela começar o processo de cicatrização de suas feridas emocionais é necessário haver um ambiente familiar nutritivo.

A criança, na medida em que vai se fortalecendo internamente na vida em família e com ajuda de um processo terapêutico, vai conseguindo entrar em contato com toda sua carência afetiva e com toda a fúria sentida contra a rejeição parental primária. Há nela um ódio contra o mundo, que só deixará de existir se esse sentimento chegar à sua consciência, de forma que ela possa senti-lo e entendê-lo para depois transformá-lo. Enquanto as crianças estão no abrigo, é comum algumas reprimirem o seu ódio, demonstrá-lo claramente ou mesmo perder a capacidade de amar o outro. O que se observa é que não têm a consciência clara do que estão sentindo. Trata-se de uma expressão espontânea e impulsiva do ódio guardado.

É importante que a família adotante esteja consciente de todo o processo de amor e ódio pelo qual vão passar durante os primeiros anos da adoção. A agressividade muitas vezes é gratuita, sem relação com qualquer fato ocorrido. Nessa fase, Campos (2005) afirma que é primordial que os pais adotivos entendam essas explosões da criança como uma necessidade que elas têm de serem contidas pelos "novos pais", uma vez que ainda não sabem lidar com os sentimentos tão contraditórios que experimenta e que por isso expressa de forma destrutiva. A agressividade direcionada à mãe adotiva é frequente (a figura da mãe é carregada de simbolismos: amor, compreensão, carinho). A criança quer, por meio dessa conduta impensada, direcionar toda a raiva que sente pela mãe biológica que a abandonou. O medo de ser abandonada novamente, agora por esses novos pais, é que faz que tenha comportamentos agressivos contra a família adotiva.

Apesar de cada criança ser singular em sua manifestação, há alguns estágios característicos dos primeiros anos de adoção tardia. Um deles é o estágio de convivência. Surgem comportamentos regressivos na criança, que variam tanto na forma de expressão como na intensidade. Por exemplo, a criança pode voltar a fazer xixi na cama ou querer usar mamadeira. É como se quisesse resgatar fases primitivas da relação mãe-bebê para receber a maternagem, que agora pode ser vivida junto aos novos pais.

Outro fato marcante observado na criança quando em uma família que dá suporte a sua necessidade de reescrever sua história pessoal, é o seu rápido desenvolvimento global. Por exemplo, uma criança que foi adotada aos 8 anos e saiu do abrigo com problemas de aprendizagem na escola, não aprendia a ler e, em seis meses com a nova família, progrediu de forma impressionante – aprendeu a ler e, ao completar um ano de adoção, continuou avançando na aquisição da leitura. Nesse período inicial de adoção, a criança parece crescer, ganhar peso e se desenvolver rapidamente, como acontece no início da vida quando recebe o cuidado materno que fomenta o laço afetivo de amor e proteção.

Campos (2005) também cita a fase em que a criança procura se identificar com a família. Às vezes, ela fantasia não ser adotada e que seus pais adotivos são seus pais biológicos, negando sua história de abrigamento e abandono. Nesse momento em que a criança está tentando reconstruir um "eu" pertencente a uma família, muitas vezes passa a imitar certas características da família para poder se sentir parte dela. Certa criança, que fora adotada aos 9 anos por uma família procedente do Rio de Janeiro, imitava o sotaque da família. É comum adotantes e adotados procurarem semelhanças entre si e encontrarem características psicológicas e até mesmo físicas parecidas. Isso é importante para a inserção do adotivo como filho e serve como uma busca de estreitamento dos laços afetivos que representam e fortalecem a união da família.

No processo terapêutico, é necessário trazer à consciência da criança todos esses fenômenos afetivo-emocionais, o que os diversos e contraditórios sentimentos representam e deixar que ela os expresse livremente. A habilidade da família adotante em lidar com essas situações é que ajudará a fechar as feridas da criança e amenizar a dor do abandono e da rejeição sofrida.

A INSTITUIÇÃO DE ABRIGAMENTO

Segundo Guará (2007), os abrigos infantis foram criados com o intuito de proteger e abrigar crianças que estejam em situação de risco, de grande vulnerabilidade ou sofrimento. A ideia é que as famílias também sejam acolhidas e ajudadas a superar as dificuldades, e essa criança possa ser reintegrada à vida familiar. Contudo, a falta de políticas públicas, de recursos e profissionais especializados faz que as opiniões e a realidade dos abrigos sejam contraditórias, pois um lugar que deveria ser de proteção se torna um lugar inadequado, que não recebe apoio.

Hoje, os abrigos buscam uma nova identidade que indique claramente sua função social de acolhimento para a comunidade e promoção da socioeducação. Para que essa identidade seja reconhecida pela sociedade é preciso que haja uma união de esforços, com o apoio não somente de políticas públicas, mas também do sistema judiciário, da comunidade e do próprio abrigo, para investir na capacitação de profissionais, das mães sociais e de toda a equipe técnica.

Algumas mudanças já podem ser percebidas na nomenclatura, como, por exemplo, não serem mais chamados de orfanato. Agora são reconhecidas como instituição ou mesmo abrigo. Essas instituições tentam dar às crianças uma vivência mais aproximada de um convívio familiar, criando casas-lares com um ou dois adultos responsáveis pelas crianças, que sejam cuidadores fixos e morem junto com elas. Procuram fazer o possível para que as crianças recebam apoio e segurança, de forma que possam reaprender que o toque físico de um adulto nem sempre causa dor e que a função do adulto é cuidar. Dessa maneira, acreditam que as crianças possam seguir sua caminhada e reescrever seu futuro. Também se espera que o abrigo seja um lugar que permita à criança experimentar algum tipo de vínculo de afetividade com a mãe social, a agente principal.

Consideramos o trabalho das mães sociais um dos mais importantes do abrigo. Além da necessidade de investir na profissionalização e educação dessas pessoas, é necessário acolher suas dores e seus sofrimentos. As mães sociais têm a função de criar vínculos com as crianças e restituir a relação primária que promove a sensação de segurança, de valorização e confirmação. Também têm a responsabilidade de restaurar emocionalmente a criança que passou por algum tipo de sofrimento em seus primeiros anos de vida (a maioria sofreu abusos sexuais, físicos e emocionais) e, por conseguinte, ressignificar toda vivência negativa de mundo, reconfigurando o padrão de suas relações. Por isso, as mães sociais constituem a base afetivo-emocional para a criança institucionalizada (separada de sua família por estar em situação de risco ou vulnerabilidade) reconstruir tudo aquilo de negativo que foi vivido.

É preciso que haja por parte dos dirigentes dos abrigos uma compreensão maior das reais necessidades das crianças, de forma a minimizar as consequências e as marcas que os sofrimentos vividos causam em suas vidas. Somente com a conscientização dos dirigentes essas instituições podem realmente se tornar abrigos que protejam e cuidem do bem-estar daqueles que foram abandonados à própria sorte.

Cabe ao abrigo zelar pela preservação do vínculo entre a criança e sua família. Para Guará (2007), quando a criança chega a um abrigo, vive um momento de grande tensão por causa do rompimento de laços e perda de afetos. O momento significa a desintegração de um lar e de uma família (seja ele protetor ou ameaçador). É uma situação de perturbação tanto para as crianças quanto para as famílias. A incerteza quanto ao futuro faz emergir vários tipos de comportamentos inadequados e inesperados. Tanto a família como a criança precisam de apoio. O abrigo deve sempre tentar reintegrar a criança a sua família, orientar os pais a procurar ajuda ou mesmo tentar dar esse suporte. Claro que o abrigo sozinho não é capaz de recuperar famílias: nem todos os pais querem ajuda ou se preocupam com o bem-estar do filho, mas acolher uma família e acreditar que ela pode ser reconstruída deve ser um dos princípios básicos. Se a entrada da criança no abrigo é traumática, a saída pode ser igualmente perturbadora, seja retornando para a família biológica, ou sendo adotada, ou saindo por já ter completado a idade de 18 anos, que é a idade máxima de permanência no abrigo. Em todas as situações, é necessário acompanhamento, orientação e preparação, já que o desligamento é cercado sempre de insegurança e ansiedade. Percebemos que a preocupação em sair do abrigo e não ter para onde ir está se tornando mais frequente na vida dessas crianças, e tem ocorrido mais cedo. Há crianças de 10 anos que não têm mais contato com a família e sabem que por causa de sua idade o sonho da adoção fica cada vez mais distante. As que já passaram por adoção ou adoções malsucedidas cada vez mais se preocupam em como sairão do abrigo e o que acontecerá com sua vida quando completarem a idade limite.

Tanto o desligamento da criança para adoção como a saída do adolescente com 18 anos devem ser tratados de maneira gradativa. No caso de adoção e reintegração à família, os novos vínculos e o fortalecimento de vínculos antigos devem ser feitos com calma, respeitando o tempo da criança. É importante que a família em reintegração e os adotantes iniciem as visitas em dias e horários previamente marcados, para depois, então, aumentar gradativamente a frequência e dar início ao estágio de convivência. Planejar o desligamento da criança do abrigo pode oferecer mais segurança aos que saem do abrigo, e é fundamental para que a adoção seja bem-sucedida.

PROPOSTA DE INTERVENÇÃO

A partir de nossa experiência profissional com abrigos e crianças abrigadas e adotadas, sugerimos algumas orientações relativas à criança, às famílias e aos abrigos, com o objetivo de favorecer o desenvolvimento emocional e o fortalecimento do senso de eu das crianças.

Crianças

1 Promover o contato com o seu corpo para resgatar memórias sensório-afetivas, a fim de que tenham uma percepção maior de seus sentimentos.
2 Oferecer à criança experimentos para que descubram suas potencialidades inatas. Os experimentos devem propiciar experiências transformadoras e determinantes para uma *awareness* que possibilite uma nova compreensão e percepção de si mesma.

3 Ajudar a criança a desconstruir a visão negativa que ela introjetou em si mesma, com muito cuidado e clareza, pois qualquer observação sobre o modo de funcionar dessa criança pode ser entendida como mais uma crítica ou desvalorização.
4 Criar um espaço onde os sentimentos dolorosos da criança, como raiva e tristeza, possam ser expressados sem medo de punição ou crítica, de modo que ela entre em contato com seus sentimentos e tenha uma maior *awareness* de si mesma para descobrir seus talentos e qualidades e tentar recriar-se da melhor maneira possível nesse ambiente desamoroso, porém inevitável. Se a criança perceber que pode conseguir a satisfação de uma necessidade específica por conta própria, e dessa forma alcançar a autorregulação, irá direcionar melhor a sua busca e projetar no mundo um futuro diferente, que não é pré-determinado pela sua condição de "abandonada". Um dos grandes desafios nesse trabalho é fazer que as crianças percebam que o futuro pode ser gratificante e elas podem caminhar rumo à autorrealização, pois muitas vezes não acreditam nisso por causa do grande sofrimento, da baixa autoestima e da carência afetiva que sentem. É como se o futuro fosse ofuscado por uma visão negativa tão ampla no aqui e agora que não enxergam uma saída. O caminho da cura emocional é mostrar a ela que a vida tem infinitas possibilidades e que ela pode construir uma história diferente.

Pais adotivos

1 Procurar orientação e apoio desde o início da decisão de adoção até a sua concretização.
2 Informarem-se sobre as fases pelas quais a criança passa durante o processo de adoção.

3 Buscar ajuda profissional durante todo o período de adaptação da criança à familia, tanto para a criança quanto para a família. O apoio é importante no momento em que um membro é adicionado àquela estrutura familiar já existente.
4 Acolher (abertura ao diálogo e ao contato corporal) e apoiar a criança nos momentos "de fúria" e de maior dificuldade dela, e procurar entender que a agressividade dela não é voltada à sua pessoa, e sim às figuras parentais biológicas as quais representam.
5 Buscar os grupos de apoio à adoção.

Abrigos

1 Investir na capacitação dos profissionais que trabalham diretamente com as crianças, principalmente as mães sociais. O preparo delas é essencial para o desenvolvimento e crescimento emocional saudável das crianças.
2 Contratar profissionais capacitados, como psicólogos, pedagogos, assistentes sociais, médicos clínicos, para que possam dar apoio e orientação tanto aos dirigentes do abrigo quanto às crianças.
3 Sempre que possível, orientar e apoiar a família da criança para que se organize, a fim de recebê-la novamente no lar.
4 Não desistir de promover a reintegração da criança ao lar de origem.
5 Orientar os pais adotantes sobre onde podem receber ajuda e informações sobre adoção e abrigamento.
6 Tentar obter o máximo de informações sobre a vida anterior à chegada ao abrigo e colocá-las em pastas individuais, para que a criança tenha conhecimento e referências de sua história.

7 Em momentos especiais de atividades da vida diária, dar atenção individualizada à cada criança. Por exemplo, dar banho em uma criança por vez, e não em várias ao mesmo tempo.

8 Separar as crianças por idade. Seja em quartos, alas ou em casas, conforme as condições do abrigo.

CONSIDERAÇÕES FINAIS

A Gestalt-terapia postula que é por meio das relações inter-humanas que conseguimos construir a nossa subjetividade e dar um sentido e significado à vida. Entendemos que a criança abandonada precocemente pelos pais poderá ter o senso de identidade mal organizado e confuso por causa da ausência do contato físico e afetivo da relação primária mãe-bebê. O vazio afetivo deixado pela falta de uma relação confluente indispensável, única e exclusiva com uma figura provedora de cuidado leva a criança a buscar uma relação de submissão e dependência, na qual vê o outro como senhor de sua vida, o responsável por suprir suas necessidades afetivo-emocionais e dar sentido a sua existência. A falta dessa relação pode ainda fazer a criança fechar-se em seu eu e assumir uma dinâmica egotista e projetora para se defender da eterna fantasia de rejeição e abandono que é alimentada por sentimentos de revolta, raiva, tristeza e desesperança.

O abandono e a ruptura precoce da relação materna inicial também comprometem o funcionamento natural da autorregulação, vindo a perturbar a capacidade da criança em identificar as suas necessidades originais, o que afeta o contato com seu corpo, com o outro, com o mundo dos objetos e a escolha consciente da ação apropriada responsável pela conservação da harmonia de sua existência. A criança abrigada que sofre com o distúrbio da autorregulação apresenta falta de cuidados com a higiene corporal, perturbação do sono, do apetite, enurese noturna, encoprese e alguns outros distúrbios psicossomáticos observados (alergias de pele e respiratórias).

A perda do contato primário com uma figura cuidadora conduz à perda da habilidade de fazer contato. O papel dos abrigos consiste em restituir à criança o seio materno perdido, oferecendo amor, carinho, proteção e amparo para que ela possa restaurar e reconstruir a sua história de vida. É por meio de pessoas treinadas e capacitadas a interagir de forma calorosa que a criança poderá tornar-se capaz de buscar e sustentar o contato, o qual favorece a formação de vínculos afetivos de segurança e confiança que lhe possibilitam relações saudáveis.

A concepção de homem da Gestalt-terapia enfatiza a condição única e singular de cada ser humano. Esta visão humanista-existencial investe no lado positivo de cada um, em suas habilidades e potencialidades, e incentiva o indivíduo a assumir a responsabilidade por sua própria existência no mundo, incluindo tomar consciência de suas limitações. Um dos princípios fundamentais da Gestalt-terapia é que o sentir, o pensar e o agir conscientes criam condições de mudança. É a vivência plena do problema atual no aqui e agora que possibilita a transformação de situações aparentemente sem saída. O enfoque no presente permite reinventar novas maneiras de lidar com os conflitos e libertar o sujeito da alienação de atitudes sedimentadas no passado.

Esperamos que a experiência profissional apresentada possa suscitar pensamentos e ideias que venham a promover uma mudança no atendimento a essas crianças e propiciar um melhor acolhimento às famílias, tanto as de origem como as adotantes. Também contamos que as orientações possam contribuir, de forma significativa, na redução do número de crianças que retornam ao abrigo diante de uma adoção malsucedida, e que cada vez mais crianças abrigadas possam ser reintegradas às suas famílias de origem.

REFERÊNCIAS BIBLIOGRÁFICAS

ANTONY, S. "A criança em desenvolvimento no mundo: um olhar gestáltico". *Revista IGT na Rede*, v. 3, n. 4, 2006. Disponível em: http://www.igt.psc.br/Artigos/a_crianca_em_desenvolvimento_um_olhar_gestaltico.htm. Acesso em: 15 de fevereiro de 2010.

CAMARGO, M. L. *Adoção tardia: mitos, medos e expectativas*. Bauru: Edusc, 2006.

CAMPOS, N. M. *Adoção tardia: características do estágio de convivência*. Apostila Vara da Infância e Juventude do Distrito Federal do Programa de Pré-Adoção. Brasília: 2005.

GUARÁ, I. M. *Abrigo: comunidade de acolhida e socioeducação*. Apostila Abrigo Nosso Lar, 2007.

PERLS, F.; HEFFERLINE, R.; GOODMAN, P. *Gestalt-terapia*. São Paulo: Summus, 1997.

PERLS, F. *A abordagem gestáltica e testemunha ocular da terapia*. Rio de Janeiro: Zahar, 1981.

RAPPAPORT, C. L; FIORI, W.R; DAVIS, C. *Teorias do desenvolvimento: conceitos fundamentais*. v. 1. São Paulo: EPU, 1981.

RIBEIRO, J. P. *Gestalt-terapia: refazendo um caminho*. São Paulo: Summus, 1985.

______. *Vade-mécum de Gestalt-terapia*. São Paulo: Summus, 2006.

RODRIGUES, H.E. *Introdução à Gestalt-terapia*. Petrópolis: Vozes, 2000.

SCHETTINI FILHO, L. *O filho adotivo*. Recife: Bagaço, 1998.

SCHULTZ, D.; SCHULTZ, S. *História da psicologia moderna*. São Paulo: Cultrix, 1981.

WEBER, L. N. *Laços de ternura: pesquisa e histórias de adoção*. Curitiba: Juruá, 2004.

WINNICOTT, D. W. *A família e o desenvolvimento individual*. São Paulo: Martins Fontes, 1993.

______. *Pensando sobre crianças*. Porto Alegre: Artes Médicas, 1996.

7 A FAMÍLIA COMO PARCEIRA NO ATENDIMENTO GESTÁLTICO INFANTIL

MYRIAN BOVE FERNANDES

Recentemente, participei de um curso coordenado por Kátia Regina Antunes Martins e Olga Elena Fenjves Joveleviths, intitulado "Tendo a Família como Parceira", que me estimulou a refletir sobre algumas questões referentes à relação que se estabelece entre os pais da criança e o terapeuta.

Esse curso foi destinado a vários profissionais da área da saúde e educação com o propósito de oferecer recursos para que possam lidar da melhor forma possível com um familiar que adoece severamente. Ele surgiu da constatação de que os familiares de alguém que sofre um acidente ou tem uma doença grave esperam que os profissionais que cuidam do paciente se comportem como super-heróis e não como seres humanos de carne e osso que procuram responder, às vezes, à uma situação inusitada, muitas vezes extrema e caótica (como um surto psicótico), da melhor maneira possível

O curso me instigou a pensar que, no atendimento a crianças em Gestalt-terapia, também surge a necessidade de ter a família como parceira. É preciso considerar que a família é a primeira influência determinante na construção da identidade da criança, e também é extremamente afetada pelas interferências feitas pela própria criança ou pelas interações desta com as redes das quais participa. Nesse sentido, é um sistema vivo, pulsante, que a cada momento transforma e é transformado por inúmeras interferências decorrentes de diferentes variáveis.

Embora no atendimento psicológico a crianças já exista uma tradição de respeito e diálogo com os pais, penso que a aliança entre os pais e o terapeuta pode beneficiar extremamente o processo terapêutico infantil. São os pais os responsáveis pela criança; são eles que buscam a psicoterapia com a esperança de que esta venha a ser um elemento facilitador de um processo de crescimento saudável para seu(sua) filho(a).

Este texto se propõe a fazer uma análise mais acurada da relação entre o Gestalt-terapeuta e os pais da criança em atendimento psicológico.

O DIÁLOGO COM A FAMÍLIA

Acolhendo a família

Quando os pais nos procuram já estão em busca de um caminho de crescimento mais saudável para o seu filho. Já perceberam dificuldades na interação entre eles e a criança ou algum bloqueio no processo de desenvolvimento dela. Geralmente, já tentaram, sem muito êxito, propor alternativas que sanassem essas dificuldades. Trazem consigo um baú de sentimentos contraditórios: temores, esperanças, sensação de impotência, convicções pessoais, mitos familiares, seu estilo de personalidade, defesas pessoais, relacionamento entre si como pais, e assim por diante.

Geralmente estão sofrendo e chegam ao psicólogo por indicação de alguém de confiança. A indicação é o primeiro laço que nos une. Gosto de saber não só quem indicou como por que me indicou. O que sabem a meu respeito que os motivou a virem até meu consultório. Aqui temos o primeiro recado, e contextualizar esse recado fornece uma base para dar continuidade ao atendimento.

É com o andamento do trabalho, entretanto, que criamos uma relação de confiança. Ouvir a queixa com interesse, pesquisar as preocupações, os sentimentos envolvidos, com empatia e praticando a inclusão, favorece um clima de acolhimento dedicado. Minha presença na sessão é caracterizada por um jeito de estar ao mesmo tempo atenta, disponível e alerta. Atenta ao que fazem, ao que dizem e a como dizem. Disponível para deixar ver, ouvir e sentir tudo que se passa e perceber como isso ressoa em mim. Estou disponível para entrar em contato com "o que me impacta" e "como me impacta" (Frazão, 1991). Assim, emerge a figura a ser contatada para ser reconhecida, pesquisada. Levanto hipóteses, compartilho-as com os pais, cada um a sua vez responde, trazendo dados de sua observação pessoal, e então tecemos juntos a construção de uma compreensão diagnóstica ampliada pela participação de cada um. Essa circularidade oferece suporte para uma comunicação mais precisa, pois existe um cuidado especial em garantir que a mensagem proferida foi compreendida por todos com clareza.

No decorrer do diálogo alternamos momentos de reflexão conjunta e momentos de encontro, nos quais eles se sentem compreendidos ora em sua angústia, ora em sua intenção ou argumentação e, portanto, aos poucos são confirmados na função de pais. Sintetizando, foi a Gestalt-terapia

uma das primeiras abordagens a privilegiar o vivido. Se tudo o que conhecemos é a partir da nossa experiência, é essa experiência (de conhecer) que iremos compartilhar com o cliente: observar a quem nos procura, acolhê-lo, relacionar o que ele relata e como relata com a nossa experiência de receber o que ele diz, conscientes do que isto suscita em nós (pois não acreditamos que é possível exercer o ofício de psicoterapeutas com neutralidade). Com esses dados que advêm do campo como um todo, elaboramos uma compreensão do que está se passando. (Fernandes, 2008, p. 52)

Reconhecimento das redes de pertencimento da família

Na sala de atendimento, proponho-me a estar presente, a escutar, a compartilhar minhas impressões com a criança, desde que estas colaborem para a sessão; proponho experimentos e brinco, deixando que venham à luz as figuras que provocam ansiedade, que lembram conflitos, que evocam experiências prazerosas, propostas e soluções criativas, que enfim trabalham os conteúdos emocionais pertencentes ao universo da criança. Entretanto, a atuação do Gestalt-terapeuta que trabalha com crianças não se restringe à sala de atendimento. Além das sessões com a criança, ele faz visitas à escola; trabalhos de campo; entrevistas com profissionais de áreas afins ligadas à saúde e educação; sessões com alguns membros da família extensiva (quando necessário) e um processo seguido de acompanhamento junto dos pais. Estes últimos trazem os subsídios para que se estabeleça uma compreensão das interconexões entre todas as pessoas que compõem a rede de relacionamentos da criança e de sua família. Assim, é possível ter uma noção mais precisa da dinâmica do comportamento da criança na interação com todos os subsistemas com os quais ela convive.

A terapia familiar na abordagem sistêmica tem enfatizado o valor das diversas redes de relacionamento que se sobrepõem quando se considera o campo ou contexto do qual uma família é parte. Conhecer essas redes é importante não só para compreender melhor as múltiplas interferências no comportamento da família – sejam elas econômicas, sociais e culturais – como para avaliar os recursos disponíveis dos quais a família pode lançar mão para enfrentar as dificuldades que a preocupam, encontrar novos caminhos e se transformar.

A criança não só está inserida nessa rede como depende de vários elementos dela, interagindo com cada um deles com maior ou menor frequência e intensidade.

Como Gestalt-terapeuta, acredito na horizontalidade da relação terapêutica, e, embora respeitando as diferenças entre o adulto e a criança, entre terapeuta e cliente, considero-me um dos vários elementos dessa rede. Ocupo um lugar que tem um significado especial, distinto das posições de pais, irmãos, babás, professores, parentes próximos, amigos etc.

Conversar com os pais sobre o cotidiano, a rotina durante a semana e os programas nos finais de semana ajuda a entender os hábitos, os interesses, o estilo de vida da família: quanto do seu tempo é dedicado ao estudo e ao trabalho, à convivência com a família extensiva, aos amigos, a programas culturais, a atividades recreativas; quais são seus grupos de pertinência (comunidades religiosas, colegas de profissão, círculos sociais). Podemos perceber, com base no que relatam sobre o seu relacionamento com as pessoas que os cercam, o que os atrai, o que os aborrece, o que os preocupa e como lidam com tudo isso. Assim, por meio das entrevistas e sessões de anamnese com os pais, vou colhendo informações preciosas.

O VALOR DA ANAMNESE

Enquanto as visitas à escola e as entrevistas com os pais no início do atendimento trazem informações sobre a interação da criança no dia a dia, a anamnese traz a história de vida da criança. Os pais são os principais detentores dessas informações.

Conhecer como a família interage com o ambiente sociocultural; como se organiza em função dos mitos herdados das gerações precedentes; que expectativas os pais têm com relação aos filhos; quem escolheu, e como, o nome da criança; em que circunstâncias ocorreu a gestação; como foi o parto; o desenvolvimento orgânico e psicológico (psicomotor, mental, intelectual e emocional); as figuras de apego; o relacionamento da criança com pais, irmãos, babás, parentes, amigos; as reações ao processo educativo normativo; as características do estilo de personalidade... Esses e muitos outros dados são obtidos pela anamnese.

Por ora, o importante é salientar a maneira como resgato essas informações: a oportunidade é propícia para deixar que venham as memórias impregnadas de sentimentos, que vão sendo trazidas conforme as lembranças surgem. O roteiro a ser seguido é o fluxo da *awareness*, que vai colorindo as informações com as sensações que as temáticas evocam. Assim, em um clima de respeito, vamos a cada sessão de anamnese estabelecendo uma parceria com os pais ou responsáveis pela criança.

A compreensão sistêmica amplia o foco da criança para a família. Muitas vezes, a queixa focada na criança é apenas a figura emergente que traz à tona uma disfunção mais ampla do sistema familiar como um todo. É importante considerar esse fator enquanto pesquisamos as temáticas trazidas pela anamnese. Tenho sempre essa perspectiva como pano de fundo, pois por serem tantas as variáveis que interferem no crescimento da criança é importante que os primeiros contatos, tanto com ela quanto com seus pais, tenham por objetivo estabelecer uma eleição dos objetivos terapêuticos. Escolher que caminho tomar para melhor atender ao pedido de ajuda implica reconhecer uma hierarquia das dificuldades e necessidades da criança em sua família (ou da sua família) e também os caminhos possíveis que levam à mudança. Ao final dessa primeira etapa, poderemos entender que vale a pena, por exemplo, trabalhar inicialmente a relação do casal, fortalecendo função materna e paterna na família, para depois focar no atendimento direto à criança, quando a família traz a queixa de dificuldades da criança em cumprir ordens e aceitar os limites impostos pelos pais. O importante é constatar que a interferência em um dos elementos do sistema provoca uma reorganização do sistema como um todo. Nesse momento, a tarefa é identificar o caminho mais curto e mais eficiente para promover mudanças "desejáveis".

Não é minha intenção discorrer aqui sobre a anamnese ou sobre os procedimentos regulares para o atendimento aos pais em Gestalt-terapia com crianças, mas sim fazer um breve apanhado de alguns temas abordados na anamnese que, a meu ver, favorecem a interação de parceria entre os pais e o terapeuta. Certamente cada estudo requer um acompanhamento singular, e a pesquisa seguirá os rumos específicos de cada caso.

RECONHECENDO A FAMÍLIA EM SEU CONTEXTO CULTURAL

Em Gestalt-terapia, o campo indivíduo/ambiente está em constante processo evolutivo. A interferência de um fator proveniente do ambiente provoca uma perturbação e uma reorganização no indivíduo, e sua reação provoca nova interferência no ambiente. Portanto, existe um processo de lapidação mútua entre indivíduo e meio; ambos constituem um campo que constantemente evolui depois de múltiplas interferências.

Assim, por um lado, a família compartilha de uma história construída ao longo de gerações e é a primeira referência na construção da individualidade da criança; por outro, interfere na sociedade, promovendo transformações sociais (como a emancipação da mulher e a liberdade sexual alcançadas na segunda metade do século XX).

Nas sessões iniciais, conversas "informais" não só ajudam o processo de reconhecimento de um terreno comum entre a família e o terapeuta (na terminologia de Zinker, 2001), como facilitam a compreensão dos valores que norteiam a vida dos pais. Falar sobre o seu posicionamento pessoal diante de fatos noticiados, filmes em cartaz, música, viagens, arte, enfim, dos vários elementos da nossa cultura, facilita uma aproximação entre os pais e o terapeuta. Podem surgir temas como: a educação nas escolas hoje, ecologia, desenvolvimento sustentável, capitalismo selvagem, tecnologia, comunicação virtual e tantos outros que enriquecem a conversa e fornecem subsídios para que o profissional perceba de que forma os pais orientam a criança. São tópicos interessantes para as entrevistas iniciais, pois, por serem amplos e tratarem de assuntos gerais, não são vistos pelos pais como uma ameaça que venha a evidenciar a sua "incompetência" na educação do seu filho. Apresento alguns exemplos de temas interessantes para discussão nesse momento:

1 Tenho percebido que hoje as escolas apresentam, em aulas diversas, informações sobre temas ecológicos, ampliando a consciência sobre a preservação da natureza, o aquecimento global, o desenvolvimento sustentável, a proteção de espécies animais, vegetais e dos recursos hídricos e a necessidade de evitar a poluição do ar, da água e da terra. Até mesmo novas leis vêm sendo elaboradas para proteger a sociedade da poluição sonora e visual. Entretanto, muito pouco tem sido feito no que se refere à "poluição comportamental na convivência interpessoal". As regras da boa

educação – cumprimentos afáveis, pequenas gentilezas, proferir palavras "mágicas" como "por favor" e "obrigado" – estão dando lugar às reclamações eloquentes, à descortesia e à violência. É possível analisar com os pais algumas das implicações dessa postura, sobretudo quando a temática refere-se à não aceitação dos limites colocados pelos pais ou educadores.

Outro dia recebi uma mensagem pela internet que achei muito interessante e me deu o que pensar. Foi a frase vencedora de um congresso sobre vida sustentável e dizia algo assim: "Todo mundo pensando em deixar um planeta melhor para os filhos... quando é que pensarão em deixar filhos melhores para o nosso planeta?" E acrescentava: "Uma criança que aprende o respeito e a honra dentro de casa e recebe o exemplo vindo de seus pais torna-se um adulto comprometido em todos os aspectos, inclusive em respeitar o planeta onde vive".

2 Outro tema importante trata da sociedade capitalista, na qual somos afetados pela cultura do descartável. Somos expostos a uma infinidade de estímulos que apelam para o consumo exacerbado. Cria-se um ciclo quase "perverso" no qual os bens recém-adquiridos mal são usados e logo ficam ultrapassados ou "fora de moda". Há o imperativo da aquisição de novos bens e a rejeição dos anteriores. Anualmente, muitas escolas fazem um remanejamento do grupo de alunos a pretexto de facilitar a socialização, e o resultado é que as crianças aprendem a desenvolver uma convivência social superficial, não criam vínculos afetivos duradouros. Será que as relações não são também tidas como descartáveis? A qualidade do contato está comprometida. Em casa, o trabalho consome boa parte do tempo dos pais e resta pouco tempo para a convivência

familiar. Surge então o fenômeno do "umbiguismo" descrito por Almeida (2006), que no senso comum significa consumismo exagerado e individualismo exacerbado. No pragmatismo positivista refere-se aos "valores morais e éticos que não nos permitem enxergar todos os fenômenos moderadamente, comprometendo a consideração dos diversos lados que compreendem (abrangem) um mesmo fato" (p. 18).

Lidar com coisas é mais fácil que lidar com pessoas, pois as primeiras não geram reações na contraposição de ideias. Assim, não há tolerância para lidar com as diferenças nem com as críticas que poderiam até ser construtivas se fizessem parte do relacionamento humano. As pessoas não se tratam com respeito nem com a delicadeza que requer a boa convivência; não há espaço para que a dor seja levada em conta como a alegria, nem para que a ênfase recaia sobre o ato de escutar e não sobre o de simplesmente ouvir. Salientamos a necessidade de ressaltar a importância da confirmação na qualidade do contato que os adultos devem proporcionar às crianças enquanto elas se dedicam à construção da sua identidade. A confirmação abrange os atos de ver e ouvir criteriosamente, responder ao diálogo de forma consistente. Demanda também interagir valorizando habilidades como análise e síntese, julgamento próprio, pensamento crítico e posicionamento pessoal. Trata-se de uma maneira de evoluir deixando para trás a simples aceitação de introjetos.

3 Mais um tema da atualidade deve ser mencionado aqui: a violência. Como muitos pais percebem a violência que acomete os grandes centros urbanos como São Paulo e Rio, procuram proteger seus filhos, que acabam por transitar somente em locais considerados mais seguros. Es-

sas crianças são sempre vigiadas por algum adulto e acabam não tendo a oportunidade de desenvolver autonomia, de aprender a correr riscos – e consequentemente têm dificuldade de assumir responsabilidades.

Conversar temas que possibilitem a ponderação dos valores que norteiam as escolhas dos pais, além de facilitar um *rapport* entre estes e o terapeuta – numa espécie de boas-vindas –, promove a compreensão das dinâmicas inter-relacionais que os pais estabelecem (no que concordam, no que discordam, como concordam e como discordam em relação a determinada temática).

RECONHECENDO A FAMÍLIA EM SEU MOMENTO NO CICLO DE VIDA

Assim como é importante compreender de que forma a criança vem se desenvolvendo desde o início da vida e em que momento do processo encontra-se paralisada ou foi interrompida, conhecer os ciclos de vida pelos quais passa a família ajuda a identificar bloqueios no sistema mais amplo.

Quero aqui entremear reflexões sobre algumas etapas do desenvolvimento do ser humano saudável com as etapas mais evidentes que ocorrem ao longo do ciclo vital da família. Sabemos que cada família tem especificidades. Hoje, as famílias são tão dinâmicas e configuram-se em tantos formatos diferentes que acompanham a diversidade da vida na sociedade contemporânea. Assim, temos famílias reconstituídas, matrifocais, monoparentais etc. Para não me desviar do tema, tratarei dos ciclos de vida na família tradicional, deixando ao leitor a possibilidade de refletir sobre como eles seriam vividos em outras configurações familiares.

Consideremos algumas direções que tomam determinados aspectos do desenvolvimento humano, tais como:

- Do pensamento mágico e da onipotência para a potência e a ação;
- Das figuras desordenadas e desconexas para os contornos claros, delimitados e inter-relacionados;
- Da experiência concreta para a abstração e ampliação de perspectivas;
- Da impulsividade para a reflexão e a maturidade;
- Do egocentrismo para a compreensão e abrangência da perspectiva do outro;
- Da dependência para a autonomia e interdependência;
- Da fragilidade para a resiliência;
- Da conexão com o entorno imediato para a conexão com os outros seres humanos, com o ambiente ecológico e com o ser espiritual.

Cerveny e Berthoud (*apud* Osório *et al.*, 2009, p. 25) relatam estudos e pesquisas que apontam estágios importantes na vida familiar. Citam Mac Goldrick e Carter, que propõem seis estágios no ciclo de vida familiar: "1. O lançamento do jovem adulto solteiro; 2. O novo casal; 3. Tornar-se pais; 4. O sistema familiar na adolescência; 5. Lançando os filhos e seguindo em frente; 6. A família no estágio tardio da vida". Segundo as autoras, os primeiros estágios contemplam a fase da aquisição, na qual o casal empenha-se em definir um modelo próprio de família, em estabelecer e atingir os objetivos comuns e em adquirir a parentalidade que representa qualidade de vida, crescimento profissional, força econômica e meios para a educação entre outros. Na fase adolescente, todos tendem a adolescer. Os pais se preocupam também com a aparência física, "a hierarquia da família fica dissolvida entre pais e filhos" (*ibidem*, p. 26). Ocorre também maior flexibilização de valores e normas de conduta. A fase madura compreende a preparação para a aposentadoria, casa ora mais vazia e mais calma, ora cheia e movimentada com a presença de genros, noras, netos e agregados. O cuidado com os idosos da família e com a saúde passa a importar mais. Na fase última, a vida transcorre quase como uma colheita do que foi plantado anteriormente. Talvez a viuvez seja o processo mais difícil vivido nesse momento.

Inspirada nos estudos de Cerveny *et al.* (1997), *grosso modo*, penso que podemos afirmar que, no início, o casal se volta para o que é comum entre eles, para construir o "nosso". Nesse momento, a principal tarefa é fazer a passagem entre o que foi (e é) idealizado e o que é encontrado na convivência com o outro. Acomodar diferentes interesses, ouvir e aprimorar a arte de expressar-se sem ferir o parceiro são habilidades importantes a ser desenvolvidas. Se cada um dos membros do casal aprimorou a percepção e consegue ver com clareza o que se passa, sabe, por exemplo, que uma reação que espera do parceiro é diferente da reação que esperaria da sua mãe ou do seu pai, que são a sua primeira referência do sexo oposto. Assim, criam uma base sólida de compreensão, respeito e companheirismo que possibilita levar a vida adiante e resolver os conflitos e impasses que sempre surgem.

Depois, com a evolução do casamento, os cônjuges alcançam maior estabilidade na relação. Já sabem o que agrada e o que desagrada o outro. Desenvolveram parcerias e competências complementares, colaboram com o que for necessário para a consolidação da vida em comum e estão disponíveis para dedicar-se ao crescimento individual no casal. Esse é o momento de buscar aprimoramento profissional.

O nascimento dos filhos provoca um grande impacto, que pode gerar uma situação de crise e, certamente, de mudança. Surge a necessidade de dedicar-se mais ao grupo. O casal desempenha funções e papéis complementares – por exemplo, o pai oferece suporte financeiro e afetivo enquanto a mãe dedica-se a cuidar do bebê. Trata-se da experiência do amor incondicional, daquele momento específico em que se desenvolve a acuidade para perceber as pequenas reações do bebê, totalmente dependente dos pais.

Ao longo da infância dos filhos, novas conquistas: moradia, educação, condições básicas que asseguram educação, emprego ou posição profissional satisfatória do casal. Quando a situação é estável, cada membro da família pode se voltar mais para seu processo pessoal de crescimento e diferenciação. Geralmente, é um período marcado por trocas significativas na convivência da família com amigos e colegas de trabalho. Há um fortalecimento do autossuporte e um enriquecimento dos recursos pessoais e familiares na lida com as diversas situações cotidianas.

Na adolescência, o casal se une para melhor elaborar e equacionar os conflitos comuns a essa fase, enquanto os filhos se afastam para construir sua identidade.

Quando os filhos atingem a vida adulta – se os problemas foram devidamente ultrapassados e as relações familiares, preservadas – há uma harmonização entre o senso de união e separação.

Quando nascem os netos tende-se à união, à convivência e às trocas entre as gerações.

A conversa com os pais traz à tona sua vivência das diferentes etapas do ciclo vital. Momentos de crise se alternam com momentos de estabilidade, num movimento saudável. Teilhard de Chardin (1986) compara a evolução da humanidade com uma espiral, bem como Arnold Gesell (1952) compara o desenvolvimento da criança com uma espiral em movimento ascendente que, como gira em círculos, passa sempre pelos mesmos polos. Estes referem-se, por um lado, aos momentos de conquista, nos quais a criança depara com o novo; seu comportamento nessa fase parece desorganizado, agitado, mais inquieto. Por outro lado, há os polos que se referem aos momentos de assimilação do novo, quando a criança parece mais calma e seu comportamento é mais estável. Muitas vezes, por exemplo, os pais angustiam-se porque o filho, que sempre dormiu tranquilamente, de uma hora para a outra passa a não querer mais dormir em seu quarto, acorda com medo durante a noite e procura a cama dos pais. Podem supor que houve uma regressão a um estágio mais infantil, quando na verdade esse comportamento pode ser decorrente de uma evolução do pensamento da criança – que antes, ingenuamente, sentia-se segura e livre de ameaças, e hoje, com uma percepção mais abrangente, dá-se conta de que existem perigos e que pode não saber defender-se. Assim, contextualizando a queixa dentro do momento natural do ciclo vital no qual se encontram a criança e sua família, é possível compreender melhor o que está se passando e, muitas vezes, diluir um pouco a ansiedade dos pais.

De qualquer maneira, o momento em que a família se encontra no ciclo vital é o pano de fundo do terapeuta. O mesmo lugar cabe à identificação dos mitos compartilhados pelos seus membros.

UMA PALAVRA SOBRE OS MITOS

Ouvir "estórias" e histórias que os pais contam sobre eles ou sobre os parentes favorece a identificação dos mitos e crenças compartilhados pela família que determinam as escolhas que fazem seus membros.

Reconhecer os heróis e as "ovelhas negras" de cada família

Considerar o herói, aquele ancestral que é valorizado pela geração atual, ouvir sua história de vida, seus feitos, sua habilidade em lidar com as diversas situações permite-nos reconhecer seu legado e verificar o que pôde ser assimilado pelos pais da criança que nos é trazida ao consultório. Dedicar um bom tempo a essa pesquisa, além de fornecer muita informação sobre os valores que inspiram as metas que os pais desejam atingir, auxilia no processo de análise de como eles vêm buscando concretizar seus objetivos. Trazer à tona as histórias dos heróis da família facilita o reconhecimento das próprias raízes e consolida a noção de pertencimento que confere um senso de unidade à família.

Quando já existe um suporte construído ao longo das primeiras sessões, podemos explorar temáticas ligadas à interferência das "ovelhas negras" da família. Quem são, o que fizeram, que consequências provocaram? Nesse momento resvalamos com os fantasmas, os segredos e os medos que ameaçam a saúde e a integridade da família. Penso ser útil perguntar: que limites mitológicos foram transgredidos? Existem padrões de comportamento indesejáveis que se repetem entre os membros da família extensiva? Quais são as paralisações ou as cristalizações?

Penso que a ovelha negra, por ser negra, se destaca do rebanho e, portanto, da família. De maneira que podemos indagar quais as diferenças que não podem ser acolhidas no seio familiar. É possível que o filho levado ao consultório apresente algum comportamento ou sintoma similar ao do personagem "ovelha negra". Ambos podem ser considerados, em algumas circunstâncias, emergentes grupais. Uma lente mais acurada talvez revele aspectos dinâmicos que não haviam sido percebidos anteriormente. Por exemplo, um pré-adolescente que se isola em seu quarto, não tem amigos, apresenta um comportamento arredio na convivência social com adultos e está sempre entretido com seus jogos eletrônicos preocupa os pais. Estes, amedrontados com a lembrança de um primo que tinha comportamento semelhante e foi posteriormente diagnosticado como esquizofrênico, podem tentar bombardear o filho com uma programação intensiva de atividades esportivas e extracurriculares, convites insistentes para que participe "disso ou daquilo", invadindo a sua privacidade a cada suspeita de isolamento, sem deixar-lhe tempo para a música ou a reflexão. Se por algum motivo os pais criaram a convicção de que existe na família uma tendência hereditária para a doença mental, tal mito pode estar se interpondo entre eles e o filho, prejudicando o contato. Acabam por não perceber que nessa idade existe uma tendência natural para o isolamento e a reflexão, necessários para a construção da identidade, e que é consequentemente natural que seu filho se isole em alguns momentos. Entretanto, não é uma característica dessa idade comportar-se assim na convivência com os amigos e colegas. Os pais podem estar atentos ao fato, mas, com menos ansiedade, tomar medidas mais sintonizadas com a situação real. Com a perspectiva ampliada, uma situação que traz desconforto é redefinida; os pais, menos angustiados, flexibilizam seu comportamento; os conflitos são equacionados e as relações entre pais e filhos se harmonizam um pouco mais.

Quero ainda ressaltar que não acredito ser possível falar em mitologia familiar sem falar em mudança – e vice-versa. Mitos e mudanças estão intimamente relacionados, pois o mito é a crença que implica valores e estes interferem na direção que o comportamento vai tomar. Por sua vez, o novo comportamento transforma o mito, pois modifica os valores compartilhados por uma comunidade e uma cultura. Em Gestalt-terapia, acreditamos que manter um equilíbrio entre permanência e mudança é saudável, pois a permanência é necessária para que se alcance boa qualidade no contato. Por outro lado, se confiamos na teoria paradoxal da mudança, é sendo o melhor de quem e como somos em cada relação que completamos o ciclo interativo do contato e uma nova figura pode emergir com força, clareza e energia, fazendo o processo fluir naturalmente. Assim, o mito cristalizado está distante da saúde da mesma forma que a mudança exagerada em ritmo alucinante também prejudica o contato e não é saudável.

Muitas vezes a mudança gera crises, e é nesse momento que a família nos procura. Na filosofia oriental, a palavra "crise" tem duas acepções: perigo e oportunidade. É trabalho do psicólogo lançar luz sobre as diferentes facetas para que os pais possam aproveitar a oportunidade e crescer.

O estudo do genograma, narrativas, constelações familiares, álbuns de família e similares são excelentes recursos para entrarmos em contato com os mitos e valores da família que nos procura.

CRIANÇAS ADOTIVAS

Quero tratar desse tema em particular, pois ele engendra algumas especificidades. Muitas vezes, há vários fatos e fatores que não são do conhecimento das pessoas diretamente envolvidas na adoção.

Quando os pais trazem ao consultório uma criança adotiva, temos de considerar não apenas as muitas histórias vinculadas ao processo da adoção, mas também as decorrências e reverberações destas no decorrer da educação da criança. É preciso criar um clima de confiança para que possam vir à tona os múltiplos sofrimentos e alegrias vividos pelo casal no que se refere à construção da atual configuração familiar. No caso de os pais terem deparado com a impossibilidade de gerar um filho, como elaboraram tal limitação? Como se sentiu aquele que não pode gerar? Quais são as imagens e fantasias que tem de seu corpo? Como se sentiu o parceiro com relação à frustração do seu projeto familiar inicial? Como se conectaram com o desejo de ter filhos e formar uma família? E como foi que optaram pela adoção? Algumas dessas indagações são consideradas quase tabus em determinadas famílias. São temas que exigem muita delicadeza no trato.

Em outros casos, a adoção vem para resolver uma situação contingente à própria criança. É como se o pedido de adoção partisse da criança e os pais, em resposta, se mostra disponíveis para criá-la. Existem também aqueles que veem a adoção como um projeto de vida.

Atualmente, muitas crianças retiradas de suas famílias por terem sofrido violência e maus-tratos aguardam uma família acolhedora. Entretanto, qualquer alternativa implicada na configuração familiar adotiva encerra diversas histórias, algumas conhecidas pelas pessoas envolvidas, outras não – e há ainda as informações mantidas em segredo. Penso que, de um jeito ou de outro, a marca característica das famílias adotivas é o encontro: o encontro dos desejos, das diversidades, das novas possibilidades.

Alguns fantasmas podem estar presentes ao longo do processo educativo da criança adotada, ocupando o lugar dos vazios ou das poucas informações que a família detém. Quem são os pais biológicos da criança? Quais foram as circunstâncias do nascimento que levaram à decisão de abandoná-la ou encaminhá-la para ser educada em outra família? Que força foi essa que ajudou a mãe biológica a levar a termo a gravidez?

Ao falar das constelações familiares, Guillermo Leone (2005) enfatiza a importância que essa abordagem dá ao reconhecimento e à valorização dos pais biológicos pelos pais adotivos (e consequentemente pela criança) para que seja restabelecido e para que sua energia vital possa fluir harmoniosamente. Chamo a atenção para o fato porque é muito comum que a família adotiva negue ou desconsidere as raízes biológicas, seja por medo, seja para garantir a privacidade da família, seja por não saber lidar com essa circunstância desconhecida. Mesmo que não tenham notícias dos fatos envolvidos no processo da adoção, é importante lidar com o imaginário sobre o caminho percorrido pela criança desde a sua origem até a sua acolhida.

Em muitas Varas de Família da cidade de São Paulo psicólogos preparam e selecionam famílias que estejam aptas a educar as crianças encaminhadas para adoção. Só que pouco tem sido feito para dar suporte e acompanhar a família nos anos subsequentes. Algumas ONGs tomam essa iniciativa louvável e são referência para famílias adotivas. Penso que muitas vezes os pais buscam esse tipo de suporte ao consultar o psicólogo. Este, conhecedor de tantas dinâmicas estabelecidas nas relações familiares, sabe que existe uma tendência à repetição de padrões de comportamento e que é importante estar atento a tais repetições no decorrer do crescimento da criança. Assim, uma criança adotiva pode sentir com mais intensidade a rejeição de um colega ou de um professor, pois esta pode potencializar uma suposta rejeição primeira. Os pais, em contrapartida, podem tender à superproteção e a confundir amor com a aceitação incondicional de todos os comportamentos da criança, mesmo os inadequados, vindo eventualmente a ter dificuldades de colocar limites. O trabalho do psicólogo, nesse caso, é delimitar fronteiras. Ajudar os pais a ter uma percepção mais aguçada para identificar possíveis situações que evoquem repetições nocivas ao seu filho; a fortalecer-se para orientar o filho, estando ao seu lado, garantindo-lhe a condição de pertencimento aos círculos que frequentam. O psicólogo pode incentivar os pais a oferecer ou valorizar criativamente novas possibilidades e novos caminhos diante de uma situação de impasse que envolva rejeição ou abandono.

Outra questão importante refere-se ao desejo dos filhos adotivos de conhecer ou ir em busca de suas raízes biológicas. Este, penso, é um desejo legítimo, e os pais adotivos não devem sentir-se melindrados com isso e muito menos negar aos filhos as informações sobre sua história de vida. Acompanhei o crescimento de uma menina que por volta dos 4 anos foi tomar satisfações com a avó, querendo saber "por que ela havia feito sua mãe com a barriga torta?", afirmando em seguida que queria ter nascido da barriga de sua mãe. Aos 6 anos, uma noite, quando a família viajava, perguntou de supetão: "Mãe, se você não é minha mãe, então quem é?" A mãe atrapalhou-se toda, pois ainda não esperava a pergunta. Incomodada com alguma coisa que não sabia bem o que era, respondeu: "Eu não sei, meu amor!" "Mas como você não sabe quem é minha mãe?!" Então a mãe respondeu como podia naquela situação: "Eu sou a sua mãe que te cuida; mas a mãe que te carregou na barriga e de quem você nasceu eu não sei quem é". Assunto encerrado, as duas ficaram caladas.

Talvez naquele momento a filha tenha deparado com perguntas sem resposta e com o fato de que nem tudo a mãe adotiva sabia ou poderia fazer por ela. A mãe, por sua vez, foi elaborando a questão de que haveria indagações importantes, legítimas, próprias às condições da sua filha, e que ela não dispunha dessas informações, desejadas com tanta autenticidade. Aos 9 anos, também na hora de ir dormir, a menina perguntou: "Mãe, você sabe por que foi que a minha outra mãe não me quis?" A mãe, comovida, respondeu: "Não sei se ela não te quis ou se ela não pôde, por algum motivo, ficar com você". "Como assim?" "Filha, a gente não sabe se ela não tinha apoio da família, se ela não tinha trabalho ou dinheiro para cuidar de uma criança, a gente não sabe se ela não quis nem o que foi que aconteceu." Então ela enlaçou a mãe em um abraço bem apertado e disse: "Mas você me quis". Permaneceram assim... em silêncio, novamente.

Depois de um tempo, a menina manifestou o desejo de procurar sua mãe biológica e levá-la para casa, caso ela fosse muito pobre. A mãe teve ímpetos de procurar um detetive, descobrir o paradeiro da mãe biológica, uma vez que entendia que se tratava de um forte desejo da filha. Com um trabalho de orientação psicológica, no entanto, deu-se conta de que seria uma atitude superprotetora. Após muita reflexão, entendeu que realizar o desejo dela como num passe de mágica não era o seu papel. Ela estaria também lhe negando a oportunidade de ir atrás, em busca de seus sonhos. Outra vez a filha insistiu na questão e ela respondeu: "Filha, eu entendo e está bem que você queira conhecer seus pais biológicos, sua história, o que aconteceu antes de você chegar aqui. Penso que um dia você vai procurar e vai saber. Mas agora você ainda é muito pequena. Não sabemos se, quem e o que vai encontrar. Espere para procurar no momento em que estiver madura para entender e receber bem o que você encontrar". E acrescentou: "Mas não fique só imaginando mil coisas sobre como seria o encontro. Deixe para depois e viva a sua vida de agora. Não passe a vida pensando no que pode acontecer, se esquecendo de viver o que está acontecendo agora". Depois dessa conversa, a menina, por um longo período, não tocou mais no assunto e viveu as questões naturais da adolescência.

O exemplo ilustra um processo que constituiu uma faceta importante na construção da identidade dessa criança. Como tantas outras, é uma história que reflete a disposição interna de ir em busca das origens. Cada família encontra, à sua maneira, formas de elaborar os sentimentos que acompanham essas questões. Entretanto, é importante distinguir quando as demandas de querer saber quem são os pais biológicos provêm de um desejo de construção da identidade e quando aparecem devido à busca idealizada de uma condição que poderia ser melhor do que aquela que está sendo vivida no presente. Cabe ao psicólogo sempre perguntar também se existem conflitos, retraimentos ou outras queixas que sugerem dificuldades na vida familiar atual.

PALAVRA FINAL

Penso ter, neste capítulo, aprofundado alguns dos itens da anamnese como exemplo para construir uma relação de confiança e parceria entre pais e terapeuta, quando estes nos procuram por questões ligadas à paternidade. Em muitos casos, só as sessões com os pais já provocam mudanças significativas, e a indicação terapêutica passa a ser um trabalho com eles. Em outros, o trabalho passa a ser com a criança e faz-se o acompanhamento dos pais ao longo do processo psicoterápico. Nesse último caso, as entrevistas iniciais e de anamnese já consolidaram uma boa base para que a parceria se prolongue ao longo do trabalho com a criança.

As entrevistas transcorrem na forma de diálogo e cada um vai se sentindo à vontade para colocar seus sentimentos e tecer uma elaboração que possa auxiliar a família em seu processo de mudança.

O vínculo pais-terapeuta na Gestalt-terapia é marcado pela relação dialógica. Trata-se de uma relação horizontal que se fundamenta na confiança mútua e tem como propósito o trabalho conjunto de ampliar a compreensão sobre as dinâmicas interacionais que se estabelecem no seio da família, visando aprimorar o contato entre seus membros. Com esse trabalho, os pais poderão se fortalecer para garantir com mais qualidade o pertencimento e o crescimento de cada um dos membros da família. Assim, todas as características desejáveis para favorecer o bom contato entre os membros da família devem ser experimentadas na relação com o psicólogo, durante as sessões.

Respeito, empatia, interesse, disponibilidade para ver, ouvir, sentir e perceber, presença plena e íntegra para discernir e colocar sua compreensão a serviço dos pais, congruência, confirmação, permanência e coragem para acompanhá-los em seu sofrimento, lucidez e criatividade para perceber os recursos disponíveis e as novas possibilidades, humildade para reconhecer nossos limites e saber que ainda assim podemos dar o melhor de nós naquela situação e ousadia para experimentar novos caminhos são atitudes requeridas pelo psicólogo como pessoa e no exercício da sua profissão.

REFERÊNCIAS BIBLIOGRÁFICAS

ANDOLFI, M.; ÂNGELO, C.; MENGHI, P.; NICOLO-CORIGLIANO, A. *Por trás da máscara familiar: um novo enfoque em terapia de família.* Porto Alegre: Artes Médicas, 1984.

ANDOLFI, M. *Terapia familiar.* Lisboa: Vega, s.d.

ALMEIDA, R. "O fenômeno umbiguista". *Revista Prepsico*, Centro Acadêmico dos Estudantes de Psicologia da Universidade Mackenzie, dez. 2006.

CERVENY, C. *A família como modelo: desconstruindo a patologia.* Campinas: Livro Pleno, 2000.

______. *Família e filhos no divórcio.* São Paulo: Casa do Psicólogo, 2004.

CERVENY, C. *et al. Família e ciclo vital: nossa realidade em pesquisa.* São Paulo: Casa do Psicólogo, 1997.

CHARDIN, T. *O fenômeno humano.* São Paulo: Cultrix, 1986.

FERNANDES, M. B. "Trabalho com famílias em Gestalt-terapia". *Revista do Instituto Goiano de Gestalt-Terapia*, n. 3. Goiânia: ITGT, 1994.

______. "Contribuições da abordagem gestáltica para a terapia familiar". In: MACEDO, R. M. S. (org.). *Terapia familiar no Brasil na última década*. São Paulo: Roca, 2008.

FRAZÃO, L. "Pensamento diagnóstico em Gestalt-terapia". *Revista de Gestalt*, v. 1, n. 1, São Paulo, 1991, pp. 41-6.

GESELL, A. *Diagnóstico del desarrollo normal y anormal del niño*. Buenos Aires: Paidós, 1952.

HOFFMAN, L. *Fundamentos de la terapia familiar: un marco conceptual para el cambio de sistemas*. México: Fondo de Cultura Económica, 1987.

IMBER-BLACK, E. e cols. *Os segredos na família e na terapia familiar*. Porto Alegre: Artes Médicas, 1994.

LEONE, G. Anotações feitas no Curso de Constelações Familiares realizado no Instituto Gestalt de São Paulo, São Paulo, janeiro de 2005, não publicado.

MELLO, K.; YONAHA, L. "O lado B da adoção". *Revista Época*, n. 583, jul. 2009.

NEUBURGER, R. *O mito familiar*. São Paulo: Summus, 1999.

NOGUEIRA, C. *et al*. "Reflexões sobre o desenvolvimento da criança segundo a perspectiva da Gestalt-Terapia". *Revista de Gestalt*, v. 1, n. 4. São Paulo: Departamento de Gestalt Terapia do Instituto Sedes Sapientiae, 1995.

OSÓRIO, L. *et al*. *Manual de terapia familiar*. Porto Alegre: Artmed, 2009.

ZINKER, J. *Em busca da elegância em Gestalt-terapia*. São Paulo: Summus, 2001.

OS AUTORES

CLAUDIA RANALDI NOGUEIRA

Especialista em Psicologia Clínica com formação em Gestalt-terapia, realiza atendimento psicológico a adolescentes e adultos. É coordenadora geral do Instituto Gestalt de São Paulo (IGSP), docente do curso de formação em Gestalt-terapia e do curso de atendimento infantil em Gestalt-terapia, no IGSP. Professora convidada do curso de Arteterapia do Instituto Sedes Sapientiae, tem especialização pelo Instituto de Psiquiatria e Psicoterapia da Infância e Adolescência, além de treinamento Intensivo pelo Gestalt Therapy Institute of Los Angeles.

- e-mail: ranaldi@uol.com.br

MIRIAM MAY PHILIPPI

Mestre em Psicologia Clínica pela Universidade de Brasília é professora do Centro Universitário de Brasília (UniCEUB). Membro fundadora e docente do Instituto de Gestalt-Terapia de Brasília (IGBT), tem formação em Terapia Familiar Sistêmica e é especialista em Psicologia Clínica.

- e-mail: miriamphilippi@yahoo.com.br

MÔNICA XAVIER DE BRITO

Psicóloga especialista em Gestalt-terapia pelo Instituto de Gestalt-Terapia de Brasília (IGBT), tem formação em Terapia Comunitária pelo Mismec-DF. Realiza atendimentos clínicos com crianças, adolescentes e adultos em consultório. Atende crianças e adolescentes do abrigo infantil Nosso

Lar. Colaborou como psicóloga no Projeto Aconchego (Núcleo de Apoio à Adoção e Apadrinhamento Afetivo – Brasília-DF). É membro do Núcleo de Pesquisa e Inserção Social da Abordagem Gestaltica (NuPISAG) do IGTB na Vila Dnocs, em Sobradinho (Brasília-DF).

- e-mail: monicaxb@hotmail.com

MYRIAN BOVE FERNANDES

Especialista em Psicologia Clínica, graduada pela PUC-SP (1970) e formada em Gestalt-terapia em 1981, pelo Instituto Sedes Sapientiae, onde lecionou nos cursos de Gestalt-terapia (1982 a 1994) e Arteterapia (1995 a 2005). É co-fundadora, coordenadora e docente do Instituto Gestalt de São Paulo (IGSP). Foi editora da *Revista de Gestalt* por 10 anos e hoje é editora da revista *Sampa GT* do IGSP. Ao longo dos anos, vem estudando a Gestalt-terapia com crianças e divulgando a abordagem gestáltica no Brasil e no exterior.

- e-mail: myrianbove@uol.com.br

ROSANA ZANELLA

Possui graduação em Psicologia pela Universidade Paulista e mestrado em Psicologia da Saúde pela Universidade Metodista de São Paulo. Atualmente é professora da Organização Paulista de Educação e Cultura, coordenadora do curso de especialização em Gestalt-terapia do Instituto Sedes Sapientiae e professora coordenadora do curso de Psicologia da Universidade Ibirapuera. Realiza atendimento clínico com crianças, adolescentes e adultos com base na Gestalt-terapia.

- e-mail: rzanella@uol.com.br

SERGIO LIZIAS

Graduado em Psicologia pelo Centro de Estudos Superiores de Maceió (1989) e mestre em Educação pela Universidade Federal do Ceará – UFC (2000). Doutor em Educação pela UFC, atualmente é professor da Universidade Federal de Goiás – UFG, campus Catalão.

• e-mail: slizias@yahoo.com.br

SHEILA ANTONY

Especialista em Psicologia Clínica com formação em Gestalt-terapia e mestre em Psicologia pela Universidade de Brasília (UnB). É psicóloga clínica da Secretaria de Estado de Saúde do Distrito Federal (SES-DF), lotada no Centro de Orientação Médico-Psicopedagógico – COMPP, onde coordena o setor de psicologia. Também é membro fundador do Instituto de Gestalt-Terapia de Brasília, onde atua como docente, orientadora de TCC e supervisora clínica. Ministra o curso "Gestalt-Terapia com crianças: a teoria e a arte do gestalt-terapeuta".

• e-mail: sheilaantony@yahoo.com.br

Grupo Summus
www.gruposummus.com.br
www.gruposummus.com.br
Acesse, conheça o nosso catálogo e cadastre-se para receber informações sobre os lançamentos.